Hermann Bahr

Russische Reise

Hermann Bahr

Russische Reise

Unveränderter Nachdruck der Originalausgabe von 1893.

1. Auflage 2022 | ISBN: 978-3-36842-734-4

Verlag: Outlook Verlag GmbH, Zeilweg 44, 60439 Frankfurt, Deutschland
Vertretungsberechtigt: E. Roepke, Zeilweg 44, 60439 Frankfurt, Deutschland
Druck: Books on Demand GmbH, In de Tarpen 42, 22848 Norderstedt, Deutschland

Vorsatz.

(Auf der Reise nach Berlin.)

Dresden, den 11. März.

Ich muß wieder reisen. Es ist kein Futter mehr auf den Nerven. Der gallische und spanische und afrikanische Proviant ist lange aufgezehrt. Das ewige Wiederkauen wird verdrießlich. Ja, wenn es Menschen gäbe — aber es gibt bei uns keine Menschen. Darum kann man in Frankreich leben und ermüdet niemals und verjüngt sich immer: man füttert die Nerven mit Menschen. Jeder ist neu, Jeder ist ein Ereignis, Jeder ist seine Welt. Aber hier hat jeder Beruf sein Cliché; darnach werden die Typen gefertigt, die herumlaufen, — und das Cliché ist alt, es sind verwischte und elende Abdrücke.

Reisen. Nach neuen Sensationen botanisiren. Erstens ist es ein Vergnügen; zweitens ist es mein eigentliches Geschäft. Man hat so viele Menschen in sich, als man Welten erlebt hat: jedesmal wächst ein neues Stück an die Seele. Es ist die billigste und bequemste Bereicherung.

Sonst, wenn man im engen Bezirke verweilt, da bleibt man ganz klein und gering und einfach: man hat nur sich selbst — das Bischen, das angeboren ist, das Bischen, das von der Nachbarschaft erworben ist, und das Bischen, das von gnädigen Erlebnissen geschenkt ist. Aber draußen erweitert man sich täglich: jede neue Landschaft, jede neue Sprache, jede neue Rasse wird an die Seele hinzugefügt. Man gewinnt zu dem eigenen Gehirn viele fremde hinzu, mit denen man anders denkt und seiner Vergangenheit widersprechen kann. Man gewinnt andere Sinne, die nur dieser andere Himmel, diese andere Sonne, diese andere Luft bilden konnten. Man gewinnt neue Gefühle, die von fremden Vorfahren in fremden Erlebnissen geformt wurden. Man vervielfältigt sich. Man kann mehr genießen, weil man neue Instrumente erworben hat. Man ist nicht mehr einsam: denn man hat in sich viele wunderliche Gäste. Man ist nicht mehr einfach: man trägt Mehrere in sich und kann sich für jeden Tag der Woche ein neues Ich umschnallen, wie eine neue Cravatte. Man wird sich nicht so leicht und nicht so schnell zuwider. Wenn mir's der Deutsche in mir gar zu bunt treibt, dann ärgere ich mich nicht lange, hänge ihn in den Kasten und ziehe den Marokkaner an; und manchmal sind zwischen dem Mann aus Linz, dem Andalusen und dem Berliner ganz überaus vergnügliche Terzette.

Aber die Hauptsache ist der Genuß. Den Genuß

muß man kosmopolitisch vermehren. Jede Nation genießt anders; und ihre besondere Kunst des Genusses von jeder zu lernen, war ich immer vornehmlich bedacht. Jede macht auf die Geschenke des Lebens anders Jagd: diese besondere Weise der Jagd ist an und für sich schon jedesmal wieder ein besonderer Genuß; und am Ende fängt man auch reichere Beute.

Also reisen. Und wieder mit dieser eifrigen Absicht reisen, ein neues Ich zu erwerben und neue Instrumente des Genusses in die Seele zu bringen. Wieder nach Sensationen reisen.

Aber ich habe mir die Sensationen lange genug mutwillig verdorben, indem ich sie durchaus suggeriren wollte. Der eigene Genuß genügte mir nicht: ich dachte immer gleich an die Anderen. Was ich selber an Schmerz und Freude erfuhr, das sollte immer gleich heraus und in die Anderen hinein, daß sie das Nämliche erführen. Wenn ich die Welt in mich versetzt und genossen hatte, dann wollte ich mich in die Welt versetzen und das eigene Erlebnis in den Anderen erwecken: es sollte herüber und hinüber ein täglicher Tausch sein. Daher das irre Suchen um die schöpferische Musik des rechten Wortes, die Sensation nicht blos aus mir auszudrücken, sondern in die anderen einzudrücken, bis sie dort wieder auferstehe und unvergänglich weiterlebe. Wozu? Sie machen ja doch nur dumme Gesichter und Keiner versteht es.

Vielleicht ist es überhaupt ein Unmögliches, von

vorne herein, wonach ich haschte. Vielleicht ist die Suggestion der Sensation, in der ich die neue Kunst gesucht, ein trügliches, unirdisches Phantom, das nimmermehr erfaßt werden kann. Vermag eine menschliche Kunst, meinen Geschmack der Galanes und meinen Geschmack der Chartreuse und meinen Geschmack der Tuberrose in solche Worte umzusetzen, daß Andere, die keine Galanes, keine Chartreuse und keine Tuberrose jemals gekannt haben, eben den nämlichen Geschmack erfahren? Vermag ich den Wind in Sätze zu fangen, aus denen es ebenso bläst und ebenso staubt und ebenso riecht? Vermag ich die knisternde Wollust arabischer Seide durch Buchstaben auf fremde Nerven hinüberzuraschelu?

Das vorläufige Deutsch kann es nicht; es langt kaum für die Bedürfnisse des Verstandes und des Gefühles. Ich mußte darum eine neue Sprache suchen und versuchen. Wenige haben die Absicht verstanden; Manche haben es blos verhöhnt; die Meisten äffen es sinnlos nach und wissen nicht warum; kaum an einem Dutzend ist die Wirkung gelungen.

Vielleicht werde ich es weiter versuchen. Vielleicht werbe ich weiter um die Zauberworte. Aber ich will mir nicht länger jeden Genuß verderben, indem ich gleich immer blos nach seinem sprachlichen Aequivalent mich plage. Wenn ich die Sensation nur selber erlebe und die nötigen Zeichen von ihr notire, welche sie jeden Moment zurückrufen können! Sensationen sammeln, daß ich dann einen Vorrat habe. Und mit dem ersten Worte der gemeinen Sprache merken, das mir begegnet. Es sollen nur Noten für mich und die Virtuosen der Sensation sein, die die Arbeit schon selber verrichten werden. Was kümmern uns die Anderen, denen die ganze Mühe ja doch am Ende nichts hilft? Das ist mein Vorsatz.

Sensationen mit verschärften Sinnen fangen. Mit geübten Nerven genießen. Mit dem nächsten Schlagwort, das mir zuläuft, merken. Die stilistische Akrobatik später wieder einmal. Wenn ich erst wieder reich bin, reich an nervöser Erfahrung.

Von Berlin nach Petersburg.

Den 17. März.

Wir sind endlich fort aus der wüsten, feindseligen Halle, mit dem schrillen, widerlichen Lichte über dem schwarzen Gedränge der Freunde, die die Hüte schwingen und kein Ende finden, während die Maschine schon unmutig stampft und nicht länger zögern will. Wir sind endlich fort und rasen dahin. Taschen und Schachteln untergebracht, die Lampe verhängt, müde ausgestreckt; draußen ist die stumme Nacht. Und das wilde, rüttelnde Rollen und Rollen, ohne Ende, während ein dünner Schlaf scheu die matten Lider streift. Und dann plötzlich wieder das jähe Stauen der rasselnden Hast: ein schriller Blitz über's Fenster; ein Ruck von Rufen und Antworten herauf und hinaus; und wieder weiter. Und wieder das wilde, dumpfe, rüttelnde Rollen, mit Stöhnen und Schnauben, ohne Ende.

In Königsberg grüßt uns der neue Tag. Das langsame, verzauberte Erwachen, mit erstauntem Auge, an dem der letzte Traum noch klebt. An allen Fenstern des Zuges neugierige Blicke von eingehüllten Frauen. Sie erwecken in mir spanische Gefühle; aber die Verwunderung ist gleich wieder weg: sie haben blos noch kein Corset.

Draußen ist in ausgetretenen Wassern weithin die unermeßliche Ebene. Selten wandert da Einer. Der Flug der Vögel ist feierlich und stumm.

An der Grenze. Wir müssen die Wagen verlassen. Eine schmutzige Horde von verthierten Knechten prügelt sich um das Gepäck. Wir passiren durch die Gendarmen, welche die Pässe abnehmen. Man weist uns in den großen Saal. Soldaten, Gendarmen, Polizei. Ein vergnügter Falstaff, der seine Gutmütigkeit hinter einem grimmigen Schnauzbart verstecken möchte, scheint das Ganze zu befehlen. Der reine Kantschukoff, sagt meine Nachbarin; und damit ist unsere erste russische Sensation vortrefflich formulirt: Fatinitza.

Die Geschichte dauert etwas lange. Die gesammelten Pässe werden erst in das Bureau getragen und umständlich geprüft. Dann schleppen sie die Koffer herbei. Jeder Einzelne wird aufgerufen und soll seine Sachen öffnen. Mit uns sind sie ziemlich glimpflich verfahren. Nach Cigarren und Büchern hat uns Niemand gefragt. Die Eingeborenen haben es nicht so leicht: jedes Buch jede Zeitung, jede Waffe wird confiscirt, die Koffer von oben bis unten durchwühlt und es ist ein vergnügliches Bild, wenn so eine graue Soldatenfaust ein paar Damenhemden herauszieht und schüttelt, ob keine geheimen Schätze darin versteckt sind.

Die Mienen dieser Soldaten sind seltsam. Sie bewegen sich niemals. Sie behalten unabänderlich immer die gleiche Habt-Acht-Stellung, wie vor dem Vorgesetzten. Ich habe mir die Kerle dann nachher angesehen, als ihr Amt vorüber war: sie hatten nichts mehr zu thun, sie lungerten auf dem Boden und rauchten. Aber sie sprachen kein Wort und die Mienen hatten den Ausdruck nicht gewechselt. Sie bleiben immer dieselben. Man kann nicht wissen, ob hinter diesen Gesichtern auch etwas vorgeht. Sie sind wie starre Masken, auf denen nichts zu lesen ist. Sie behalten immer den gleichen schmerzlichen, schweifenden Blick, der über Einen hinweg weit hinausgeht, als ob er da draußen was suchte, am Ende des Horizontes. Ob man sie prügelt oder beschenkt — an ihrer Miene ist keine Veränderung zu gewahren.

Man gibt uns die Pässe zurück und läßt uns in das Restaurant, den russischen Zug zu erwarten. Das Restaurant hat etwas Großes und Strenges; als ob man in eine Kirche käme. Man wird von einem Diener empfangen, der Mantel und Hut abnimmt und bewacht. Er redet kein Wort und verbeugt sich blos tief und verrichtet stumm sein Geschäft. Auf den Tischen sind schwere Leuchter mit langen feierlichen Kerzen. In dem ganzen Saale hört man keinen Laut. Die Kellner schleichen unhörbar und reichen stumm die Karte; sie flüstern die Bestellungen verstohlen an der Kasse, als ob es ein tiefes Geheimnis wäre. Der Schaffner verkündet die Abfahrt, wie man eine Todesnachricht bringt.

Aber wir lassen uns, wie wir nur erst wieder im Wagen sind, unsere occidentalische Fröhlichkeit nicht nehmen. Wir plaudern Heimisches. Was kümmert uns das dumme Land mit seiner steifen unheimlichen Feierlichkeit? Wir lassen uns unseren Humor nicht hinwegrussificiren. Wir demonstriren mit Lustigkeit.

Wir sind nämlich eine ausgesucht fidele und übermütige Gesellschaft. Das fährt Alles nach Petersburg, Comödie spielen, vier Wochen lang. Sie haben das deutsche Hoftheater voriges Jahr geschlossen, aber Phillip Bock, dem bewährten Director, das Privileg geschenkt, jedes Jahr in den Fasten auf vier Wochen zurückzukehren und die letzten Erwerbungen der deutschen Bühne mitzubringen. Das soll jetzt zum ersten Male geschehen: die Elite der neuesten deutschen Dichtung von der Elite der realistischen deutschen Künstler gespielt. Ich bin sehr neugierig, wirklich sehr neugierig auf die Elite der neuesten deutschen Dichtung.

Die Elite der realistischen Schauspieler ist sehr gemütlich. In jedem Waggon wird Scat gespielt. Dazu werden jüdische Anecdoten erzählt. Die urewige Tradition der deutschen Bühne ist also gewahrt; an sie wenigstens hat sich die frivole Neuerungssucht noch nicht gewagt.

Ich sitze mit einem kleinen Fräulein, das auch mitmimen soll, in einer Ecke, und sie plaudert mir vor, und ich denke nach, ob sie eigentlich hübsch ist. Sie erzählt sehr lieb: mit einer weichen und milden Stimme, wie wenn man mit einem silbernen Löffel ganz sachte ein venezianisches Glas streift. Jedes Wort ist ein reiner, süßer Ton für sich, der lange zitternd hallt: das gibt, wenn dann die nächsten dareinschwirren, ein seltsam liebliches Gezwitscher, als ob ein froher Chor von jungen Engeln ganz leise seine sanften Schwingen rührte. Es ist eine heimliche gute Freude in jedem Worte: wenn sie auch was ganz Gleichgiltiges sagt, es glitzert immer eine Seele darin.

Die Anderen finden, daß sie schöne Augen habe; man glaubt auch zuerst, sie seien schwül und begehrlich. Aber sie verändern sich nicht und wechseln niemals: sie verlöschen nicht plötzlich, um in Ermüdung und Enttäuschung zu versinken und sie flammen nicht wieder auf; man wird an ihnen keine Seelensprünge gewahr. Sondern es brennt in ihnen immer fort das gleiche, starke, ruhige Feuer: es ist wohl nur die frohe Lebenskraft des jungen Geschöpfes, weiter nichts. Oder vielleicht sind sie blos noch nicht erwacht.

Ich habe ein sehr angenehmes und behagliches Gefühl, wie ich ihr so gegenübersitze. Sie hat freilich einen schlanken, biegsamen und geschmeidigen Leib, wie eine Rococomarquise; es ist viel nervöse Zierlichkeit an ihr; man könnte dieser bebenden Grazie schon auch im Quartier latin begegnen. Auch hat das störrische freche Näschen, das ungezogen aus dem Frieden des Profiles strampelt, jenen bubischen und capriciösen Uebermut, den Henri Boutet so liebt. Aber sie hat — Gott sei Dank, sie hat jenes Gewisse nicht: die Franzosen nennen eine dann tres femme. Von ihr würden sie das nicht sagen. Es ist keine Gefahr, daß ich mich in sie verliebe. Ich kann mit ihr verkehren. Das gibt mir eine große Beruhigung, das befriedigt mich sehr.

Draußen gleitet ganz langsam die verlassene Landschaft vorbei. Weithin kein Haus, kein Mensch; die einsame Natur, von keinem Werke, keiner That berührt. Breite braune Sümpfe; dann wieder unendliche Wälder, Kiefern und Laubholz gemischt, stundenlang. Kein Mensch, kaum einmal ein stiller, langsamer Vogel.

Dann sehen wir ein Dorf: fünf, sechs schiefe, braune Hütten, wüst durcheinander geschüttelt, hündisch niedergeduckt, als wollten sie sich lieber gleich in die Erde verkriechen. Und wieder nichts, stundenlang, als Sumpf und Wald.

Der Boden strahlt ein tiefes, zähes Braun aus, das weithin alle anderen Farben verschlingt: es schwimmt in der Luft und tüncht sie klebrig und fett, und seine breiten, kothigen Blasen verhängen den Himmel.

Manchmal ist eine Station. Da lungern in ihre tiefen Mäntel gehüllt, die Jamurka über die Stirne, in einer demütigen und flehentlichen Haltung, die immer der Peitsche gewärtig ist, schmutzige Juden.

Die Mienen sind blöde und verthiert; nur in dem großen, gelassen klagenden Blick flackert noch manchmal etwas Menschliches auf, wie eine letzte, verlöschende Sehnsucht.

Wir sind aber gewissenhafte Touristen, die auf ihre Kosten kommen wollen: wir lesen beharrlich im Baedeker Alles mit. Da sind allerhand Erinnerungen aus der Geschichte, und man erfährt wieder einmal, wie merkwürdig viel man in seiner Kindheit gelernt hat. Wie da die Polen und die Ungarn die christliche Lehre mit dem Schwerte brachten, und dann das große Hauen losbrach, mit den Tartaren und dem Deutschen Orden, und dann wieder mit Schweden, Russen und Kosaken, die der Reihe nach über Lithauen fielen, wie Georg Grabowsky die polnische Freiheit verlor, nach langem, tapferen Wehren, und wie es dann nacheinander den siegenden und den flüchtigen Napoleon beherbergt — das Alles habe ich vor Wilna umständlich aus dem Baedeker docirt. Sie nennen es das kleine Paris; aber wie es so dalag, in die Falten des Hügels hinein verkrochen, mit schroffen, winkeligen Gassen, da hat es mir eher Toledo in den Sinn gebracht. Dann Dünaburg, vom Deutschen Orden gestiftet, von dem schrecklichen Iwan niedergebrannt, dann zu den Polen geschlagen, durch die Schweden verheert, von den Russen geraubt, und wieder an die Polen und wieder an Rußland zurück, bis die letzten Aufstände allmälig vor dem Henker verstummten. Dann

Pskow, das einmal zur Hansa gehörte, eine stolze und beharrliche Republik.

Und überall unabänderlich das gleiche Bild: die bettelnden Juden, die stumpfen und entmenschten Knechte mit dem ängstlich geduckten Hundeblick, ein paar breitschultrige und gerade Soldaten dazwischen. Es ist mancher schöne Wuchs darunter, schlank, groß und fest. Wie unser Conducteur, der gleich Act stehen könnte, so anmutig und sicher ist sein kräftiger und frischer Leib gezeichnet: er weiß seiu schmuckes Costum sehr gut zu tragen, die schirmlose Pelzmütze, den straffen blauen Rock und die faltigen Pluderhosen, die in den blanken Wadenstiefeln stecken. Er hat eine sichere und geschickte Haltung, Höflichkeit und Bestimmtheit angenehm vermischt. Aber er kommt niemals allein. Er ist immer von zwei Anderen begleitet, zur Controlle; wenn er die Verwaltung betrügen will, muß er sich mit ihnen teilen.

Und immer die gleiche Feierlichkeit in allen Stationen: die hohen, nackten, hellgelben Wände, die stillen weißen Kerzen in den blanken Leuchtern und die stummen, demütigen Kellner mit dem heimlich schleichenden Schritt. Es wird kein lautes Wort gesprochen; es wird nur geflüstert. Es ist uns aufgefallen, daß der schwermütige Ernst niemals von den starren Zügen dieser Russen weicht, und wir suchen jetzt geflissentlich einen, der lacht. Wir haben noch keinen gefunden.

Wir sind im Petersburger Gouvernement. Das

Bild wird freundlicher, europäischer, menschlicher. Hier sind Straßen, hier sind Dörfer. Die gelben Häuser unter den roten Dächern haben etwas schweizermäßiges. Sie sind reinlich und blank und wie lustiges Kinderspielzeug aufgestellt. Hier beginnen die Datschen: die luftigen und leichten Villen, in denen der Petersburger den heißen Sommer verbringt. Sie sind schlank und bunt und freundliche Gärten liegen herum. Gatschina am weißen See mit einfachem Schlosse im weiten Parke; hier wimmelt's von russischer Garde; es sind stramme Kerle darunter, aber die schweren grauen Mäntel geben ihnen etwas Plumpes, Täppisches, Ungelenkes.

Wir richten unsere Bagage und werden ganz sentimental. Wir führen gerne noch weiter, immer weiter. Was brauchen wir Petersburg, was sollen wir damit? Wir waren so schön und freundlich beisammen. Wir hätten noch so Vieles zu plaudern. Wir haben aus unserem Leben erzählt und wir haben von der Kunst gesprochen und sind so rasch so gute Freunde geworden. Und jetzt soll das auf einmal schon wieder vorbei sein. Wir sind ganz böse auf Petersburg und möchten gern nach Sibirien, wenn wir nur in demselben Coupé gleich weiter könnten, immer weiter. Die milde Stimmung des ruhigen Behagens mit guten Menschen ist so selten, und ihrer kleinsten Begegnung ist man so dankbar, so treu.

Das kleine Fräulein hat Ahnungen. Sie erzählt,

daß sie aus Rußland nicht zurückkehren werde. Es ist lächerlich und sie ist nicht abergläubisch und sie glaubt auch nicht daran, aber sie weiß es ganz bestimmt. Wir möchten gern lachen, aber es ist uns Allen auf einmal unheimlich in die Seele gekommen, etwas Düsteres und Feindliches. Das ist das ewige Grauen vor dem Fremden und Ungewissen. Vielleicht ist es auch nur die ärgerliche Erwartung, wie wir uns eigentlich mit den Trägern und den Kutschern verständigen und in unser Hotel finden werden.

Aber der Abschied von der langen Fahrt fällt uns sehr schwer. Wir sind gar nicht froh, daß es vorüber ist. Wir sind gar nicht müde, von den zweiundvierzig Stunden. Wir möchten gerne noch einmal zwei Tage rollen und rollen. Woraus ich diese tiefsinnige Maxime ziehe: von Petersburg nach Paris, erste Klasse, Schlafwaggon, Courirzug, das ist Kinderei; aber von Lambach nach Gmunden im Bummelzug, das übersteigt die menschlichen Kräfte. So imaginär ist der Begriff der Entfernung.

Aber da halten wir schon und da sind auch schon die Freunde, die uns begrüßen!

Den 19. Abends.

Mich schmerzt der Kopf, ich spüre jeden einzelnen Nerv. Es ist ein Ziehen und Zucken, ein Hämmern und Bohren wie von tausend losgelassenen Teufeln. Wir sind den ganzen Nachmittag in der Stadt herumgejagt, mit hastiger Neugier, gleich Alles auf einmal zu sehen. Davon sind mir hundert Wirkungen angeflogen: die mischen sich und verwirren sich und hadern zänkisch. Es ist ein tobendes Geheul um mich von unverträglichen Fragen, und kreischend begehrt jede Antwort. Ich kann nicht, ich kann nicht! In mir ist Alles wüst und dreht sich in häßlichen und gemeinen Sprüngen. Mich schmerzt der Kopf. Die Lider sind mir wie versengt und lange rote Bänder, als ob sie von einer raschen Spule geschwungen würden, flirren mir vor dem Blicke. Die Augen fallen mir zu.

Aber ich kann nicht schlafen. Ich kann nicht sitzen. Ich kann nicht liegen. Ich muß durchs Zimmer, rastlos auf und ab. Es ist etwas in mir, das mich treibt. Der große Aufruhr der Nerven will sich nicht beschwichtigen. Sie sind wild, beklagen sich bitter. Sie brauchen sichere, kräftige und beständige Wirkungen; das verlangen sie von der Welt. Sie schicken sich willig in Alles: Schmerz und Freude ist ihnen gleich. Aber es muß Entschiedenheit in der Impression sein und eine beharrliche Stärke, die sie ganz ausfüllt und alles Andere aus ihnen vertreibt. Jeden Augenblick anders angeschlagen zu werden, ohne daß sie jemals bis ans Ende des Gefühles gezwungen würden, das lassen sie sich nicht gefallen und empören sich. Dann empfinden sie sich selbst; aber sie wollen überwältigt und fortgerissen sein, bis sie in Leidenschaft nichts mehr von sich wissen.

Man muß es gelassen leiden. Sie allein geben das Glück; von ihnen, wenn der große Rausch sie zerknittert, ist Seligkeit und Wollust. Man muß ihre Launen gewähren lassen.

Den 20. Abends.

Ich bin ganz hin. Was haben sie mich gejagt, unbarmherzig den ganzen Tag! Ich sehe nichts mehr, ich höre nichts mehr, ich weiß nichts mehr von mir! —
— — — — — — — — — — — — — — — —
Nur dieser einzige Entschluß ist aufrecht in mir: heraus, heraus! Heraus aus dieser wirren Wildnis streitender Erfahrungen, die eine die andere erwürgen! Stimmung, Stimmung — irgend eine Stimmung, wie bescheiden und armselig sie auch sei! — — — — — — — —
— — — — — — — — — — — — — — — —
Ich habe einen Wohlwollenden gefunden, der mich begleitet, um mir das Sehenswürdige zu zeigen. Er kennt die Stadt und weiß es sich einzuteilen. Wenn ich ihm folge und mich von seinem Eifer schleppen lasse, dann habe ich in vierzehn Tagen Alles gesehen, aber in acht Tagen bin ich todt — — — — — — — —

Ich kann das nicht. Ich begreife die Leute nicht,

was sie für Nerven haben müssen. Ich kann nicht in eine Kirche gehen und gleich darauf in einen Bazar nebenan. Ich vertrage die holländische Malerei nicht, wenn ich aus dem italienischen Saale komme. Ich kann nicht so springen. Jede kräftige Impression, die meine Nerven einlassen, verwandelt mein ganzes Ich und stilisirt es nach ihrem Charakter: ich werde in der Kirche priesterlich und alles Irdische weicht aus mir. Da muß man mich in Ruhe lassen. Es ist eine Barbarei, jede Minute einen anderen Menschen von mir zu verlangen. Ich kann das nicht leisten. — —
— — — — — — — — — — — — — — —
Ich will mich besänftigen. Ich blättere in diesem Hefte, um die Fahrt noch einmal zu erleben. Da war Stimmung.

Ich komme auf den Vorsatz zurück. Da werden wieder Viele die Köpfe schütteln. Sie wissen ja nichts von der Culture du moi; aber es ist das letzte Heil, seit die Anderen als Wahn erkannt sind.

Wir sind ganz Wenige, die es wissen, in Europa verstreute Sonderlinge, die der Hohn nicht beirrt, einsame Wanderer nach diesem einsamen Glücke. Wir haben die Welt von uns abgestreift und das Künstliche ist unsere Natur. Wir haben uns unser selbst entledigt, um den Nerven besser zu dienen. Welt und Ich — es soll Alles blos für die nervöse Sensation sein.

Maurice Barrès ist der Meister. Er hat die

Formeln gegeben. Darum sind seine Bücher die heilige Schrift der Moderne.

Ich wiederhole die Grundsätze des Lebens:

„L'essentiel est de se convaincre qu'il n'y a que des manières de voir, que chacune d'elles contredit l'autre, et que nous pouvons, avec un peu d'habileté, les avoir toutes sur un même objet."

„Il faut sentir le plus possible en analysant le plus possible."

„Je veux accueillir tous les frissons de l'univers; je m'amuserai de tous mes nerfs."

„La vie est insupportable à qui n'a pas à toute heure sous la main un enthousiasme. Que si la grâce nous est donnée de ressentir une émotion profonde, assurons-nous de la retrouver au premier appel."

„Mon âme mecanisée sera toute en ma main, prête à me fournir les plus rares émotions."

„Mais moi-même je n'existais plus, j'étais simplement la somme de tout ce que je voyais."

„Fuyons, rentrons dans l'artificiel."

„La dignité des hommes de notre race est attachée exclusivement à certains frissons, que le monde ne connaît ni ne peut voir, et qu'il nous faut multiplier en nous."

Den 21. früh.

Nein, ich lasse mir das nicht länger gefallen. „Das müssen Sie sehen und das müssen Sie sehen —.“ Ich muß gar nichts sehen, meine Herrschaften. Sie täuschen sich vollständig in mir. Ich bin nicht Einer, der auf Kenntnisse reist und das ganze Land mit nach Hause nehmen will in wohlgeordneten Begriffen. Es ist mir ganz gleich, ob ich richtige oder falsche Urteile über die Russen gewinne; für mich ist, was ich eben denke, immer das Richtige. Es ist mir ganz gleich, wie viel ich von dem Sehenswerten sehe. Ich will erleben. Ich will genießen. Ich will mein Magazin mit Sensationen füllen. Tausend neue Kenntnisse gelten mir nichts; was soll ich damit beginnen? Aber für eine ungekannte Impression pilgere ich über die Erde.

Ich werde den Wohlwollenden, wenn er wieder kommt, höflich hinauswerfen. Dann werde ich meinen Baedeker vergraben. Und dann werde ich fröhlich auf Abenteuer wandern, dem Zufalle entgegen: ich werde mir mein eigenes Petersburg entdecken.

Abends.

Ganz einsam und allein bin ich gewaudert und es wurde köstlich. Ein frischer, klarer Wind blies und die milde, mondliche Wintersonne vergoß milchiges Licht. Still und leise war die ganze Natur und man hörte kein Flüstern. Die Wagen schlichen gespenstisch dahin, wie rasch wieder ausgeträumte Schatten. Die

Menschen redeten kein Wort und unhörbar verglitt ihr Schritt in den tiefen, dichten Galouchen, als hüteten sie sich ängstlich, den heiligen Schlaf der Erde zu stören. Es war eine feierliche Ruhe rings; kaum daß einmal ein Schlitten sein feines Glöckchen rührte.

Sie tünchen die Häuser gerne gelb, mit einem ernsten und traurigen Gelb. Das ist ihre Lieblingsfarbe, und weil die Luft ganz dünn ist und keinen Ton verschleiert, davon wird es noch schmerzlicher und strenger. Der Sonne kann man ruhig ins Antlitz sehen: sie brennt nicht, sondern es ist ein stilles und verhülltes Glimmen. Aus dem Himmel ist alles Blau gewichen und er scheint ganz blaß und fahl, wie wenn sich der weite Schnee in seinem Felde spiegelte. Man hat das Gefühl, unter einem Leichentuche zu wandeln.

Dann erschrickt man plötzlich und fröstelt. Die Kuppel der Isaakskirche, die schlanke Nadel der Admiralität und sonst manche Spitze sind üppig vergoldet. Das wirft, wenn man ihm unvermutet begegnet, in das heilige und feierliche Schweigen grell kreischende Schreie. Es ist eine große Pracht, aber eine herrische, ungestüme und feindselige Pracht, die den Fuß auf den Nacken der Stadt setzt und freche Befehle über sie gellt. Es ist, als würde über der Messe plötzlich ein blitzendes Schwert entblößt.

So hat man das Gefühl eines geknechteten, von Waffen belasteten Friedens. Es wird über Einem etwas Feindliches bedrohlich geschwungen. Davor ist alles

Leben in stillen Gram verstummt. Das ist vielleicht gar nicht wahr, und weder vom Lande, noch vom Volke will ich es als eine verläßliche Wahrnehmung behaupten. Aber diese Stimmung liegt über der Stadt, in der Luft — wenigstens heute.

Ich bin lange gewandert — ich vernahm keinen Laut, keinem Gedränge brauchte ich auszuweichen. Es ist selten, daß in Petersburg Einer zu Fuß geht; er fällt gleich als Fremder auf. Die Entfernungen sind sehr groß, die Wagen sind sehr billig. Darum fahren selbst die Köchinnen nach dem Markte, und der Diener, den man auf eine Bestellung schickt, nimmt den nächsten Iswostschik. So heißen die kleinen, offenen, zweisitzigen Wagen, vor welchen unter dem Krummholz, der Duga, ein graues, jämmerliches, aber zähes und behendes Pferd läuft. Die armen Thiere sind verlottert und in Schmutz verwahrlost wie die spanischen Esel; aber sie sind geschmeidig wie wilde Katzen und greifen unermüdlich aus. Und für 30 Kopeken fährt der Kutscher willig gleich eine Stunde.

Diese Kutscher sind merkwürdige Gesellen. Sie tragen einen langen blauen Mantel, dem ein buntes Tuch als Gürtel dient. Der Mantel schließt ihnen dicht und enge an, wie eine Haut, und man kann sich gar nicht vorstellen, daß ihn einer ausziehen könnte; es mag wohl auch selten genug vorkommen. Den Kopf haben sie in eine zottige Pelzmütze versteckt. Ihr Schmutz und Elend ist unbeschreiblich. Sie sind ganz verthiert. Sie werden unablässig geprügelt; Maulschellen und Fußtritte, ohne jeden Grund, ertragen sie geduldig; sie sind es nicht anders gewöhnt. Wenn man ihnen zu wenig gibt, dann wagen sie kaum, schüchtern zu murren; aber sie danken auch niemals, wenn man sie noch so reich beschenkt. Es ist nichts Menschliches an ihnen; sie unterscheiden sich in nichts von ihrem Thiere.

An Einigen habe ich eine seltsame Bedeckung gesehen: statt der Mütze trugen sie niedrige, breite, sehr geschweifte Filzhüte; es sah aus, als hätte Schließmann einen Sonnenthalcylinder karrikirt. Auch Troiken bin ich begegnet: das Mittelpferd trabt in der Gabel, die beiden andern galoppiren links und rechts. Man sieht viele Equipagen mit schönen, hohen, blos etwas schwerfälligen Thieren; die Kutscher haben prächtige Pelze und hohe Mützen aus rotem oder blauem Sammt.

Eine merkwürdige Stadt, in der man zuerst die Pferde und die Kutscher bemerkt. Die Menschen fallen nicht auf. Keiner hat etwas Besonderes. Sie liegen in ihren Wagen, in schwere Pelze dicht vermummt und sausen dahin. In anderen Orten ist es mir ein liebes Vergnügen, die Fahrenden zu betrachten; wie ein Jeder sitzt, darin ist sein ganzes Leben und seine ganze Weise erzählt; man kann gleich seine Psychologie daraus machen. Hier liegen Alle gleich, wie ein Bündel Fleisch. Es ist an Keinem etwas Eigenes zu gewahren.

Ich bin lange gewandert. Immer den Newski

entlang, unermüdlich. Dieser stattliche Boulevard läuft von der Admiralität schnurstracks nach dem Snamiensky-platz, wo er sich flach auf das Alexander-Newsky-Kloster umbiegt. Er ist die vornehmste Straße von Petersburg und seine gewaltige Anlage, seine mächtige Entfaltung und die reiche Pracht seiner Schaufenster werden von den Russen unermüdlich gerühmt, als könnte es auf der ganzen Welt nichts Herrlicheres geben. Der Fremde, der viel davon gehört hat, ist anfangs leicht enttäuscht: es will sich kein rechtes Gefühl von Größe und Macht ergeben, weil die Reihe der schönen und vornehmen Gebäude oft durch niedrige, häßliche und verschmutzte Häuser unterbrochen wird. Auch sind vor jedem Thore leichte Schutzdächer aus Eisen über den Damm gestellt: das zerreißt den Zusammenhang der architektonischen Wirkungen und läßt die Breite viel geringer erscheinen.

Manche Schaufenster enthalten gefällige Schätze; aber die eigentliche Kunst der Etalage, welche Jeden festzuhalten weiß und Keinen ohne Kauf vorüberläßt, haben sie den Parisern noch nicht abgeguckt.

Lieblich ist die kleine Kapelle neben dem grauen und verwaschenen Stadthause, das wie eine verschossene Theatercoulisse an der Ecke lehnt. Sie leuchtet weithin von farbigem Schmuck, bunten Lampen und vielen weißen Kerzen. Der Gläubige, der da vorüberkommt, versäumt es niemals, mit langem Gebete vor ihr zu verweilen. Viele Wagen halten an, Equipagen und gemeines Gefährt: Kutscher und Insasse springen herab, werfen sich nieder und bekreuzigen sich mit den umständlichen, leidenschaftlichen und zerknirschten Geberden ihres Ritus. Wie denn der Russe überhaupt selten an einer Kirche, einem heiligen Bilde oder sonst einem Zeichen des Gottesdienstes vorbeigeht, ohne sein irdisches Geschäft zu unterbrechen und lange in flehentlicher und stürmischer Andacht zu verharren.

Es ist viel Leben auf dem Newski und der eilige Verkehr rastet niemals. Aber man hört nichts davon, sondern wie ein entleibtes Schattenspiel gleitet Alles vorbei. Es ist ein Land, das auf Galoschen geht.

Und noch Etwas — noch eine andere Stimmung werde ich nicht los; als ob das Alles nur eine Hülle wäre, und dahinter müßte noch ganz etwas Anderes sein; als ob das Ganze nur eine vorgehaltene Maske wäre, und das natürliche Gesicht dahinter sieht Niemand; als ob das Ganze nur Zwang und Lüge wäre, hinter welchen eine schauerliche Wahrheit versteckt wird. Es ist etwas Aufgestelltes, Theaterhaftes und Posirtes in allem diesem großen, feierlichen und schweigsamen Stil, das seinen Wirkungen alles Vertrauen nimmt.

Den 22.

Ich bin heute endlich allein in die Eremitage. Wir waren neulich schon dort, als uns der Wohlwollende durch alles Merkwürdige der Stadt trieb. Aber da taumelten mir schon die überspielten Nerven und wollten nichts mehr halten. Und ich kann überhaupt vor Gemälden keine Gesellschaft vertragen — den besten Freund nicht. Sie wirken nur auf den Einsamen. Ich habe oft nachgedacht, woher es eigentlich kommen mag; aber es wird wohl sein, daß der unaussprechliche Reiz, den blos die Farbe sagen kann, gleich wieder entflieht, wenn er von Worten berührt wird. Er ist ganz geheim und läßt sich in keinen Gedanken versetzen, sondern verweilt in den seligen Rätseln, von denen wir keine deutliche Wissenschaft, sondern nur die Wollust banger Ahnung haben. Aber wir können mit dem Freunde immer nur durch Gedanken, in Worten verkehren. Die köstliche Dämmerung des Gefühls, welche der eigentliche Bezirk der Farbe ist, können wir nicht in Sätze geben, in Sätzen nicht empfangen und jeder Versuch mit der Sprache verscheucht sie gleich.

Heute war ich allein und es wurde eine große Wonne. Anfangs verdroß mich Vieles. Es ist ein garstiger Weg dahin. Man muß, unter dem neidisch und gehässig gelben Bogen des Generalstabsgebäudes durch, auf welchem der Krieg seinem Sechsgespann gebietet, nach der schweigsamen Weite des Palastplatzes. Hier ist die Alexandersäule, zum Gedächtnisse des ersten Alexander, der größte Monolith Europas, aus rotem, finnischem Granit; ein plumpes, widerliches Beispiel jener falschen und verirrten Kunst, die nur um jeden Preis etwas ganz besonders Schwieriges, Erstaunliches und Unerhörtes verrichten will, was noch nicht dagewesen ist und was ihr nicht so bald einer nachmachen soll — ganz gleich, ob es gefallen kann, wenn es nur verblüfft. Hier ist der häßliche und überladene Winterpalast, in schwülstigem Barock frech hingelungert, das helle Braun des breiten aufgeblähten Grundes von rotem Eisen überdacht, daß es schrill in die Augen kreischt. Hier ist endlich das Vestibule der Eremitage selbst, auf acht Pilastern mit zehn Atlanten — schwer, protzig und roh.

Auch drinnen braucht's eine Weile, bis man zu freundlichen Gesinnungen bekehrt wird. Es ist viel unnütze Pracht gehäuft, die ärgerlich verwirrt: Marmor, Granit, Manganit, Malachit und Jaspis verschwenderisch durcheinander, daß man verblendet und beunruhigt wird.

Aber man überwindet es: denn diese Gnade reiner und vollkommener Kunst ist unbeschreiblich. Ich habe dergleichen seit dem Prado nicht erlebt.

Ich war zuerst bei den Spaniern. Von diesen sind 115 Bilder da, die die Entwickelung gut markiren. Velazquez ein Bischen kärglich: blos der große Portraitist, von dem jede anständige Gallerie Beispiele hat; von dem melancholischen Humoristen der Mißgeburten und dem verwegenen, unbedenklichen Erzähler des Volkes keine Spur. Dagegen Murillo vortrefflich; nur Sevilla ist diesem Reichtum überlegen. In allen Stadien. In seiner jungen Heiligen-Malerei, mit aller unersättlichen Brunst der ersten Glaubenswollust, der kein Ton an

Süßigkeit und Milde genügt, und in seiner späteren, die Gelassenheit und Selbstzucht und die Würde eines bewußten und zuversichtlichen Styles gewonnen hat, aber freilich ohne jenen naiven Himmelsdrang der jungen Leidenschaft. Von den vielen Himmelfahrten der Marie, die er gemalt hat, ist diese die köstlichste; so viel fromme, zutrauliche Sehnsucht hat nicht einmal die holde Magd des Louvre. Dann in seinem Realismus der biblischen Geschichte: der Traum des Jakob, die Ruhe auf der Flucht, die Verkündigung; aber am Mächtigsten rührt von diesen der Segen des Jakob, weil nirgends der menschliche Gehalt nachdenklicher erfaßt und schlichter in ein unvergeßliches Erlebnis verwandelt ist. Und endlich in seiner fröhlichen und derben Charakteristik der täglichen Wahrheit von der Straße: ein Betteljunge, der einen schäbigen Hund ablaust, und eine vergnügt beschauliche Dirne, die sich mit den lustigen Kumpanen in München wohl vergleichen können. Die üblichen Beispiele des Ribera, die von der zornigen Wut seiner ergrimmten und auf das Scheuselige verschlagenen Leidenschaft und von der trotzigen Kraft erzählen, mit der er so viel zügellose Ausschweifung in sichere Form zu fangen und die grelle Wildnis habernder Begierden in die Einheit derselben Farbe zu bändigen wußte. Daß schon auch im Grunde dieses zerklüfteten und verdunkelten Gemütes, das in gräßlichen Martern am Liebsten schwelgte, die stille Reinheit und die geduldige Güte des Künstlers war, die nur ein böses Schicksal nicht gedeihen ließ, davon ist freilich hier keine Botschaft; ich mußte mich erst langsam der Jakobsleiter in Madrid entsinnen. Ein schöner Zurbaran ist da, der heilige Lorenz, von jenem seltsam feierlichen, orgeltönigen Pathos, wie jene breiten, hellen Dominikaner zu Sevilla. Der hat mich wieder so wunderlich gerührt und irres Fragen und Forschen über mich verhängt. Es ist Anfangs, wenn man das erste mal vor das Bild tritt, eine kalte und steife Andacht darin, die nicht gleich wirkt: denn man zögert, sich ihr zu vertrauen. Aber dann begegnen in den flimmernden Mischungen von höchstem Gelb und tiefstem Weiß so schmerzliche Klagen hilfloser Sehnsucht, daß aus Mitleid Glaube wird. Man sieht es wohl, daß es nicht die freudige Andacht der Anderen, die niemals gezweifelt hat, sondern eine gewollte, durch viele Qual erzwungene Demut und daß diese Einfalt die letzte Zuflucht einer bankerotten Weisheit ist. So wie Dieser gemalt hat, mit solchem Gefühle, denke ich mir, mag Claude Larcher beten, wenn er vor den höhnischen Tücken des lustigen Lebens in die Nachfolge des Christ entflohen ist.

Cano, Coello, Pereda haben gute Zeichen ihrer Weise da.

Ich bin dann lange unter den Münzen nebenan herumspazirt. Davon verstehe ich nichts. Ich wollte nur warten, bis sich das Geschaute niedergelassen und an den Vorrat der Seele gegliedert hätte. Dann kann ich erst wieder weiter. Aber es zog mich zu den Lieblingen. Ich war der emsigen Forschung von Bild zu Bild, die kritisch das Detail vergleicht, ich war des suchenden Ernstes müde. Ich wollte nicht länger fremde Sinne annehmen und mir von Bild zu Bild ein neues Auge anbefehlen lassen, andere Gedanken, andere Gefühle und ein anderes Verhältnis zur Welt. Jetzt wollte ich zu mir zurück. Jetzt wollte ich zu den Verwandten von meiner Rasse, in denen ich mich wiederfinde, nur deutlicher und wirksamer. Ich bin zuerst zu Tiepolo gegangen; eine kleine Allegorie schien mir matt und als ob das Eigentliche unter einem Schleier sich nicht herauswagte; aber in dem großen Antonius fand ich die wehmütige und enttäuschte Wollust. Ich bin dann zu Fiesole, zu Sandro Botticelli und zu Andrea del Sarto. Und dann bin ich ins französische Rococo — Watteau, Boucher und Greuze. Und dann denselben Weg noch einmal zurück und noch einmal wieder von vorne. Und ich war in meiner Stimmung.

Es hat sich so gemacht in den Jahren, daß diese meine Lieblinge geworden sind. Sie gehören für mich zusammen und mein Gedanke kann sie nicht trennen. Ueber den Primitiven schweben mir gleich süße, gütige Wölkchen des Rococo, und aus der sprühenden Farbe des Tiepolo taucht immer zuletzt eine lange, ganz schmale, hagere Gestalt, mit linkischer Einfalt der langsamen und schmächtigen Geberden. Das Eine wird mir immer gleich zum Anderen.

Ich habe viel gesonnen und mich oft gefragt, was ihnen wohl gemeinsam sei. Zuerst war dieses Eine nur deutlich: sie sagten den Schmerz aus, der am Grunde aller Gefühle ist, jenen letzten Geschmack des Lebens, der auch an der Freude klebt. Das drücken sie aus; freilich jeder durch andere Mittel. Aber später ist mir noch ein Anderes deutlich geworden: sie drücken die letzte Ursache dieses Schmerzes aus, der niemals stürmische Klage, sondern eine gelassene und gefaßte Wehmut ist — das Weib. — — — — — — —

— — — — — — — — — — — — — — —

Ich bin vom Schreiben aufgestanden und wandere durch das Zimmer, in nachdenklichen Zweifeln, und hasche nach dem Worte, das mir vor dem Sinne schwirrt; aber es will sich nicht ergeben. Ich habe es ganz sicher und ausgemacht in mir; an dem Gefühle fehlt nichts zur Zuversicht. Nur liegt ein dunkler Nebel drüber und will sich nimmermehr klären; der läßt mich niemals zu deutlichen Begriffen durch; es ist mir, als müßte es mir gleich aus den Fingerspitzen rieseln; so kräftig und verbürgt habe ich überall seine Gewißheit. Aber blos wenn ich es aussagen will und in faßliche Zeichen verkünden, dann stockt die Fülle der Empfindung und staut sich jäh und kann doch durch die Dämme nicht reißen.

Mein Fenster sieht auf die Isaakskirche hinaus.

Da ist ein großer, weiter, stummer Platz; stundenlang regt sich oft keine menschliche Spur. Es ist ein unendlicher Friede herum, ein harter, strenger, unversöhnlicher Friede, der keine Milde hat. Einsam ragen die finsteren Massen der grauen Kathedrale, über welchen die stolze Kuppel ihr gebieterisches Gold an den Himmel streckt. Es ist wieder diese feindselige Heiligkeit, wieder diese starre Andacht ohne Gnade.

Ich wende mich wieder, wieder zu wandern. Wir sind hier, in diesem Hôtel d'Angleterre, ganz behaglich versorgt und untergebracht. Die Zimmer sind groß und hoch und helle. Es ist kein Luxus darin, aber eine mäßige, bescheidene Elegance, die Einem nichts abgehen läßt. In der Ecke der Zimmer, hoch oben, vielleicht zwei Hände von der Decke hängt immer ein kleines Heiligenbild: die Mutter Gottes und das Kind, welche in einem sehr steifen, byzantinisch verschnörkelten Ernste gezeichnet sind, stecken in schwerem Golde, das blos den Kopf und die Hände freiläßt; Edelsteine sind eingesetzt, Perlenschnüre fassen es manchmal. Der ärmere Glaube begnügt sich wohl auch mit schlichterem Metalle; doch ist die Anlage dieselbe.

Ein rosiger Schirm verhängt die Lampe; er ist ganz fein und zart und zerknittert, mit vielen Kniffen und Bügen: die tönen das Licht ab, daß immerfort davon ein leises, weiches Flüstern wie ein surrender Falter um den stillen Schein schwirrt. Ein gelassenes Behagen raschelt durchs Zimmer.

Aber meine Freude ist die Chaiselongue. Echtes altes Rococo mit einem anatomischen Raffinement gebogen, daß Einem das Herz und alle Sinne lachen. Man kann sie nicht ansehen, ohne gleich in lieblichen Träumen ein Catulle Mendes'sches Märchen zu erleben. Ich habe eine beharrliche und zutrauliche Ahnung, es müßte mir aus ihr noch irgend ein gutes und ergiebiges Abenteuer werden. Ich bin das entschieden meinem Stylgefühle schuldig. Unverfälschtes Rococo — und mit einem anatomischen Raffinement!

Es träumt sich auf ihr so wunderschön, während rings eine tiefe Stille ist und von dem rosigen Lichte nur leise Streifen buhlerisch um die Sinne flattern. Es träumt sich köstlich, und vor den sinkenden Lidern wechseln in sanften Tänzen holde Reigen leichter, lachender Gestalten. Es ist eine huschende Flucht von lieblichen Visionen, in schimmernde Dämpfe verhüllt; sie wandeln sich unablässig.

Aber ich bringe den verhängten und zugedeckten Gedanken nicht los. Ich muß immer wieder jener Bilder gedenken, der Bilder meiner Lieblinge: sie gesellen sich und verschlingen sich und verwachsen zusammen und mein Glaube wird bestärkt. Wenn es sich ausdrücken ließe!

Aber ich komme immer nur zu einigen Sätzen. Diese stellen sich fest und bekräftigen sich. Dann ist gleich wieder eine Pause, in der das Bewußtsein verstummt, und es schweben nur ungestalte, dämmernde, zerfließende Gefühle. Daraus taucht plötzlich ein neuer Satz auf. Er ist wieder ganz sicher und klar, aber er hängt mit dem anderen nicht zusammen. Sie wollen sich in keine geordnete Reihe fügen, die man in's Treffen führen könnte.

Ich will Einiges notiren, wüst und verwirrt, wie es mich belagert. Vielleicht kann später einmal aus dem rohen Materiale eine Gestalt erwachsen. Es fängt immer mit dem Gefühle an, daß sie das Weib gemalt haben, und darin ist ihr unvergleichlicher, wunderthätiger Glaube; und zu diesem Gefühle kehrt es immer wieder am Ende zurück, aus vielen Zweifeln und Verwunderungen: daß sie das Weib gemalt haben und darum das Verhältnis des Mannes zur Welt. Es ist an diesem spröden, schmächtigen und verrenkten Liebreiz der primitiven Frauen ein herber, fremder und unmenschlicher Reiz; das Fleisch ist nicht von dem unseren und wie aus einer anderen Welt. Es lächeln diese Madonnen des Sarto einen milde überlegenen, ruhig unbarmherzigen Spott; wir können es nimmermehr deuten, ob es mütterlich gütige Verzeihung oder eine gleichgültige Schadenfreude ist. Es ist an der coquetten Kälte dieser züchtig buhlerischen und frech verschämten Marquisen ein unirdischer, überweltlicher Uebermut, den wir nicht fassen. Das gibt ein wunderliches Gemisch zwiespältiger und unverträglicher Sensationen und ein Räthsel verwirrt daraus die Sinne und quält daraus die Seele. Man könnte es so sagen: sie haben das Zweideutige an der Frau gemalt, den letzten Rest von fremdem und unbezwinglichem Geheimnis, der in allen Begegnungen mit ihr, wie lieblich und gütig an Geschenken sie sonst immer seien, sich nimmermehr ergibt. Es ist die große Feindschaft zwischen den Geschlechtern, weil sie verschieden sind und sich gleichmachen wollen — die haben sie gemalt. Anders läßt sich das Unsägliche nicht sagen.

Das ist ihre seltsame Würze. Das gibt ihnen diesen müden, weichen und zähen Parfüm, ohne den nimmer leben will, wer einmal von seinem schwülen Gifte gekostet hat. Das ist ihr Reiz gerade für die Wissenden des Lebens, die das Weib genossen haben und den schmerzlichen Geschmack nicht verwinden, der von ihm bleibt. Darum pilgert der schlaffe Ekel des Boulevard zur Einfalt dieser erdenfernen Mönche. Darum kniet die verhetzte Leidenschaft vor diesen stillen, zwischen Lilien lächelnden Madonnen. Darum sucht der wilde Grimm gegen die Liebe die gezierte Galanterie der tändelnden Marquisen.

Anders kann ich's nicht sagen.

Man könnte es schon noch kräftigen und bestärken. Man müßte sie mischen und ihre Mittel verbinden. Wenn ich ein Maler wäre — ich wüßte ein Bild. Ja, in diesem Bilde könnte ich es sagen. Es hat mich oft bedrängt und unvertreiblich kehrt es immer wieder. Ich finde es auf dem Grunde eines jeden Erlebnisses mit dem Weibe.

Da ist eine große, weite, starre Wiese, ganz in

die Farbe der Malve getaucht. Hohe, steile, steife Gräser wuchern. Aber sie haben alle die Farbe der Malve. Glockenblumen wachsen, vom Rande nach der Mitte hin immer höher. Die schweren entfalteten Kelche sind grün, von dem schlanken, blassen Grün der verzagenden Sehnsucht; aber die kahlen Stengel behalten die Farbe der Malve. Sie ragen stumm und man sieht, daß über sie niemals ein Wind ist. Zwischen ihrer Wildnis, in der Mitte, ist ein schmales, langes Weib. Sie trägt ein weißes Gewand, wie aus jungem Schnee gewirkt, und ein weißes Band hält ihre aschigen Locken. Alle Milde legte ich in dieses süße, lächelnde und gütige Gesicht; es müßte die lieblichste Unschuld werden und etwas sehr Rührendes, sanft über die Nerven Leckendes müßte darin sein. Eine Axt würde ich ihr dann reichen, eine wuchtige Axt, von der Blut träufelt. Sie hielte den schweren Stumpf ganz leicht und lächelte blos dazu und sähe neugierig herab und tändelte mit dem Blute und lächelte immer dazu und haschte die träufelnden Tropfen und lächelte blos. Und rings wäre die große, stumme Wiese, von der blassen Farbe der Malven.

Das müßte Böcklin malen — aber ein Böcklin, der wie Rochegroße gelebt hat. Das wäre das Weib. Aber das Unsägliche läßt sich nicht sagen. — — —
— — — — — — — — — — — — — — — — —

Ich versank. Träume entführten mich hinüber. Die Grenze zum Schlafe ward verwischt. Ich weiß nicht, wie lange ich gelegen habe. Das Licht ist nieder.

Ich blättere zurück und lese. Da trifft mich Eines wunderlich. Was ich da über Malerei notirt habe, aus der Eremitage — ich muß mich meiner Noten aus dem Louvre und dem Prado erinnern. Die waren eigentlich viel gescheidter. Sie erzählten ein Bild und merkten seine Besonderheit an. Die Manier des Malers wurde deutlich verzeichnet; man erfuhr seine Mittel und überhaupt das ganze technische Verfahren. Kurze Steckbriefe eines jeden Meisters konnte man daraus entnehmen, daß er leicht wiederzuerkennen war, wenn man ihm ein anderes Mal begegnete. Daneben ist dieses ein dilettantisches Geschwätz; so hätte ich es damals sicher geheißen.

Es ist vielleicht wirklich eine Annäherung an den Dilettantismus, was ich in mir entwickelt habe, mit Fleiß und Absicht. Erst war es das Werk selbst, das ich in der Kunst aufsuchte: wie es die Wahrheit oder seine Idee traf oder verfehlte, darum allein war ich damals bekümmert. Dann wurde der Künstler mein Ziel: ich lauschte, was er vermochte und wie er verfuhr, und seine Geheimnisse des Handwerks wollte ich mir aneignen. Jetzt achte ich auf den Vorwurf der Kunst nicht mehr und frage nicht nach den Mitteln des Künstlers. Die Stimmung, die ihn zu seinem Werke trieb und aus der er es schuf, will ich mir erwerben. Das ist Alles. Nerven und Sinne will ich mir dahin versetzen, wo die seinen waren, damit sie dieses Werk gestalten konnten. Seine schöpferische Stimmung will ich aus dem Werke gewinnen, jenes holde Leid, aus dem der Drang zu dieser That erwuchs. Ich will also nicht das Werk, sondern die künstlerische Empfängnis des Werkes genießen. Vielleicht ist das Dilettantismus. Es sähe dem Dilettanten ganz gleich, weil er selber nichts vermag und die Mutterfreuden der Kunst aus sich selbst nicht gewinnen kann, sie aus den Werken der Andern zu stehlen.

Das erklärt mir jetzt auch den heftigeren und unbändigen Abscheu gegen jede Gesellschaft vor Bildern. Man kann ganz gut mit gestimmten Freunden künstlerische Genüsse teilen. Sie helfen Einem, die Technik des Künstlers erkennen. Aber jene nervöse Gymnastik, aus seinem Werke heraus in die empfangende Stimmung zurück, muß Einsamkeit begehren.

Den 24.

Nun kommen wir vor lauter Theater gar nicht zu Athem. Vorgestern hat Bock im Alexandra-Theater seine Serie begonnen. Kainz und Kober spielen im Nemettitheater. Die Franzosen wiederholen Thermidor und L'Assomoir. Und die Duse ist mit ihrer Gesellschaft hier, Eleonora Duse, die größte Tragödin der Italiener.

Bock hat mit dem Zweiten Gesicht eröffnet. Die Russen machten verdutzte Gesichter: jene bummeligen

Börsenwitze, von denen das langsame Stück sein Leben fristet, konnten sie nicht begreifen; man sah, sie warteten von Akt zu Akt, wann es denn eigentlich anfangen würde, aber da, kaum daß das Bischen Handlung sie ein wenig in Stimmung brachte, da war es auf einmal schon wieder aus. So gewannen sie eine große Achtung vor dem Lustspiel: es mußte wohl sehr tief und geistreich sein, denn sie hatten gar nichts verstanden. Es wurde vortrefflich gespielt.

Ich bin dann nachher noch zu Kainz hinüber, auf zwei Acte. Es war Kabale und Liebe. Da schien mir das Publikum auch wieder merkwürdig und seltsam. Wenn man sie bei offener Scene betrachtete, dann mußte man denken: es gefällt ihnen gar nicht. Sie saßen stumpf und mürrisch da und es rührte sich nichts auf ihren Mienen. Keiner fing die sprühenden Funken von der Bühne auf. Keiner ging mit den Ereignissen mit. Keiner antwortete durch Blick oder Geberde. Man wußte nicht, ob sie schliefen oder an was sie dachten. Aber wie der Vorhang sank, da brach jedesmal ein wilder Enthusiasmus los und wie Besessene klatschten sie sich die Hände und heulten sie sich die Kehlen wund. Zwanzigmal, dreißigmal wurden die Künstler gerufen. Aber wenn der rasende Jubel endlich langsam an der physischen Ermattung gestorben war und der neue Akt begann, dann wiederholte sich das Bild von früher. Sie sanken wieder in teilnahmlose und stiere Erschlaffung und kein Zeichen rührte sich in der dumpfen und stummen Ermattung, daß irgend ein Wort Verständnis oder Mitgefühl gefunden hätte. Es kann sein, daß ihre starren, schweren und maskenhaften Mienen jeden Ausdruck der seelischen Bewegung verhalten; es kann aber auch sein, daß sie überhaupt nichts Künstlerisches empfinden und blos aus Sport und Mode in das Schauspiel laufen, weil sie mit Lärm und Beifall beweisen wollen, daß sie gebildete und kunstverständige Leute sind.

Den anderen Tag spielten sie bei Bock die Haubenlerche. Es war eine Mustervorstellung, weit besser als die Berliner. Den August des Niessen verlachte man damals; er konnte nicht glaubhaft machen, daß es doch im Grunde eine brave und liebenswürdige Natur ist, an welche nur eine brüchige und verworrene Zeit wunderliche Schrullen angesetzt hat. Er wurde gleich im ersten Acte zur komischen Figur und der Zuschauer bestätigte mit Hohn das schnoddrige Urteil des feindlichen Bruders. Emanuel Reicher ist der Virtuose solcher Charaktere auf der Schneide, die leicht ins Lächerliche ausgleiten, aber dann wieder ihren sittlichen Ernst zusammenraffen und sich zu schönen und rechten Handlungen aufrichten. Er hat die Widersprüche seines Helden meisterlich vereinigt: wie dieser socialistische Doktrinär den bürgerlichen Hochmut, der ihm an den Anderen so widerlich und verhaßt ist, doch selber in sich nicht verwinden kann und wie ein großer tiefer Sinn, dem keine Frage der Menschheit fremd ist, sich mit einer linkischen und blinden Weltunklugheit verbindet, die die nächste Wirklichkeit mißdeutet und das Deutlichste verkennt. Nur freilich den letzten Act mit seiner elenden Vorstadtromantik vermochte auch seine heilkräftige und weise Kunst nicht zu retten. Friedrich Mitterwurzer spielte den Schmalenbach — vielmehr, er spielte mit ihm. Der geistreiche, aber launische und willkürliche Künstler, der kein ästhetisches Gewissen hat, sondern jeder Eingebung gehorcht, die ihm gerade Spaß zu bereiten verspricht, machte sich aus dem verbitterten und verbissenen preußischen Pessimisten einen gemütlichen, neugierigen und geschwätzigen Sachsen — eine köstliche, unwiderstehliche Charge, nur leider keine Spur von dem Schmalenbach des Wildenbruch. Man ist aber nun einmal so thöricht, daß man in der Haubenlerche Wildenbruch verlangt und nicht die viel tiefere, wirksamere und raffinirte Kunst des Mitterwurzer. Die Lene ward von Lotte Witt gespielt, einem jungen, frohen und zuversichtlichen Talente, welches gleich reichen Beifall erwarb. Sie ist sehr schön und lieblich und jene geheime Anmut der Geberden, welche nicht erlernt werden kann, jener helle Zauber der Adelsmenschen gehört ihr. Augenscheinlich hat sie auch mit Fleiß Manches gelernt und beherrscht ohne Mühe die Mittel. Aber es ist in der tiefen und nachhaltigen Wirkung ihres schlichten Spieles außer diesen beiden noch irgend ein drittes Moment, dessen man sich nicht gleich bewußt wird und das eine Weile versteckt bleibt.

Es ist etwas unsäglich Wohlthuendes, Besänftigendes und Erlösendes darin, das ich mir gar nicht zu deuten wußte, woher es denn eigentlich wäre. Baumeister und die Hohenfels kamen mir in den Sinn; ihre Kunst hat die nämliche stille und kräftige Güte, um welche Andere mit reicheren Mitteln und nachdenklicheren Ueberlegungen sich gleichwohl vergeblich bewerben. Ich glaube, es ist das Selbstverständliche und Naive an ihrem Spiel, das diese herzliche Wirkung verrichtet. Sie sind keine Zauberer, die lange wählen, sie versuchen nicht erst viele Nuancen, um ihre Wirkungen zu vergleichen, sie entschließen sich nicht erst nach umständlichen Prüfungen; sondern es wird ihnen von allem Anfang an jeder Ton, jeder Blick, jede Geste von einem untrüglichen Instincte gereicht, dem sie unbedenklich gehorchen. Es ist etwas Unbewußtes in ihrer Weise, das ihr einen notwendigen Zwang giebt. Sie wissen aus einer starken und raschen Empfindung heraus, die keine Zweifel beirren, in jedem Falle gleich von allem Anfange an, wie ihre Natur sich dazu stellt. Darüber denken sie gar niemals nach, sondern vertrauen sich ganz diesem zuversichtlichen Gefühle und brauchen nicht erst vieles Zögern zu überwältigen.

Die Vorstellung war die beste, die ich in den letzten Jahren auf der deutschen Bühne gesehen. Sie hatten wenige Proben gehabt und es muß wohl eine unverdiente Huld des Zufalls gewesen sein, die diese helle, reine Stimmung schenkte. Niemals war im

Austausch der Geberden und in der Rücksicht auf den Nachbar zum Dienste der allgemeinen Wirkung eifrigere Empfindsamkeit; alles Komödiantische und Virtuosische schien zeitweise durchaus vertilgt und eine vollkommene Symphonie hergestellt, die den besonderen Beitrag des Einzelnen nicht mehr erkennen ließ: keiner spielte für sich, sondern es lebten alle zusammen.

Gestern ein russisches Diner mitgemacht. Es gehört eine gesunde Natur dazu, diese Strapazen zu ertragen. Mit der Sarkuska wird begonnen. Das sind alle die leichten Reizungen — Caviar, Fische, Würste, Radieschen u. s. w. Dazu Schnaps, aber mit diesem verfährt die Bewirtung sehr kunstvoll und verständig: von ganz leichtem, mildem und sanftem wird allmälig zu männlicheren, rauheren und wirksameren emporgestiegen und immer ist für den Schluß noch ein ganz besonders kräftiger, unerhörter und nachdrücklicher Effect aufgespart. Uns hatte ein baltischer Baron den verläßlichsten Treffer seiner Wirtschaft geschickt. Es war ein wilder, heißer, stacheliger Schnaps, daß Einem gleich Hören und Sehen verging, und hieß: „Noch-Noch“. Dazu erzählten sie eine muntere Geschichte, woher er diesen Namen hatte.

Der Baron liebte eine adelige Russin, anmutig und schön; nur leider sprach sie kein deutsches Wort. Er hinwieder konnte vom Russischen keine Silbe behalten. Aber weil die Liebe ihre besondere Beredtsamkeit hat, die alle Hindernisse überwindet, so wußten sie sich schon zu verständigen und erfuhren von einander bald, was sie sich zu sagen hatten. Er fragte sie deutsch und sie antwortete russisch darauf und sie verstanden sich gleichwohl. Sie kamen ganz gut zusammen und vermißten niemals ein Wort. Einen einzigen Ausdruck blos mußte sie lernen; der fehlte ihr und es stellte sich heraus, daß sie ihn im Verkehre nicht entbehren konnte. Sie rastete nicht, bis sie ihn von einer kundigen Freundin erwarb. Dann wußte sie, was sie brauchte; und jedesmal, wenn er sich an ihr schlaff und müde geküßt und sie überhaupt mit allen Beweisen der Leidenschaft reichlich bedacht hatte, dann spitzte sie jedesmal den liebeswunden Mund und sagte mit ernsthafter Mühe: „Noch, noch!“

Eine halbe Stunde vergeht so mit Schnaps und der köstlichen Sarkuska. Man ist am Ende ganz hin davon und hat den Magen übervoll, zum Platzen. Dann kommt die schwere, russische Suppe, mit starken Kräutern scharf gewürzt. Für zwei Tage hätte man jetzt genug, aber jetzt beginnt erst ein üppiges französisches Diner. Es wäre unmöglich, die mörderischen Schindereien auszuhalten, wenn nicht zwischen den einzelnen Gängen immer wieder Cigaretten gereicht würden. Die betäuben die Widersprüche des Magens für eine Weile und helfen Einem wieder ein Stückchen weiter. Aber man ist am Ende, wenn nach dem schwarzen Kaffee noch einmal das Pokuliren mit dem Schnapse von vorne beginnt, ganz gerädert und gespießt und hat im wüsten und zerschlagenen Kopfe keinen hellen Gedanken mehr, sondern liegt wie ein Thier und athmet schwer und stürbe am liebsten. In diesem Zustande gehen sie dann ins Theater.

Den 25.

Es fehlt mir irgend etwas. Ich kann nicht entdecken, was es wohl sein möchte — aber es treibt mich unstät herum, irgend etwas zu suchen. Ich kann mich nicht beklagen. Sensationen sind viele. Ich kräftige mit Ernst, Fleiß und Ausdauer die Sensation der Stadt in mir: dieses Unheimliche, feindselig Feierliche und Unmenschliche. Unmenschlich, das ist das Wort; oder besser noch: menschenlos. Das charakterisirt diese Kultur. Es ist ganz ungeschickt von uns, daß sie Barbaren wären, erst an der Schwelle unserer Civilisation — das ist ganz falsch. Ihre Kultur ist nicht geringer als die unsere; sie ist blos eine andere. Die unsere geht vom Menschen aus und zum Menschen kehrt sie überall zurück. Das Menschliche ist ihr Anfang und ihr Ende, ihre Mitte und ihre Angel. Nach seinem Verhältnisse zum Menschen gilt Alles und an diesen Werten wird Alles gemessen. Aber hier ist der Mensch nichts, und diese Kultur weiß nichts von seiner Bedeutung. Sie achtet ihn nicht und bezieht nichts auf ihn.

Daher das Seltsame und Unbegreifliche an dieser Architektur. Wir sind anfangs leicht ungerecht gegen sie. Wir verlangen, was sie von vorneherein zu gewähren nicht gesonnen ist. Wir verlangen, daß sie vom Menschen erzähle und suchen in ihr die Geschichte des Volkes. Was die Gesänge von den Helden und den Thaten melden, das wollen wir aus ihren Steinen lesen; wie die Ahnen gedacht und was sie gefühlt und wonach sie gerungen haben, davon sollen sie uns berichten. Der Wanderer durch die Provence erlebt von Haus zu Haus allmälig die ganze Geschichte des Volkes; er pilgert, indem er durch die Kirchen und Schlösser geht, Jahrhunderte zurück und längst Vergessenes rührt sich, und die Begrabenen stehen wieder auf, und das Verschollene redet zu ihm. Das ist die eigentliche Freude des Reisens bei uns, daß, wer nur recht fleißig mit hörenden Sinnen durch viele Lande gekommen ist, am Ende wie ein Revenant wird, der in allen Jahrhunderten bei allen großen Ereignissen gewesen ist.

Dieses suchen wir auch hier. Aber es ist nicht zu finden. Diese Architektur weiß davon gar nichts. Sie will nicht vom Menschen erzählen. Sie will Ideen ausdrücken — und immer eigentlich nur diese eine Idee der Stadt. Sie ist keine epische Architektur, sondern eine lyrische, welche blos, in schweren, strengen und langsamen Hymnen, die finstere Stimmung verkünden will, die über der Stadt schwebt. Sie legt es geflissentlich darauf an, das Menschliche zu vermeiden und zu vertreiben. Sie liebt die ungeheueren Plätze, auf denen die Gestalt verschwindet und der Schritt verhallt. Sie liebt die harten und spröden Style, die sich von keinem lebendigen Bedürfnisse beugen lassen. Sie schließt überall den Menschen aus.

Ich habe hier zuerst meine Beunruhigung vermutet. Ich dachte, diese menschenlose Erhabenheit und Würde beängstige und beklemme mich. Aber es ist vielmehr, wenn man sich diesem Gefühle ergiebt und jedes andere sorgsam aus sich scheidet, eine Entlastung und Befreiung, wie wenn man auf einsame Gipfel steigt, wo die Luft ganz dünn wird und das Blut schneller rinnt.

Es muß irgend etwas anderes sein, das mich quält und ängstigt und beklemmt. Quälen, ängstigen, beklemmen — das sind keine Worte für diese verworrene Unruhe, die mich herumtreibt. Sie ist gar nicht unangenehm. Vom Schreibtische weg jagt's mich spazieren; wenn ich gehe, komme ich ins Laufen; aber das Laufen langt für meine Ungeduld nicht und im Wagen vermisse ich gleich den Dampf — wie wir da neulich von Berlin herüber im Kourier so prächtig gesaust sind! Es ist, als ob ich danach Heimweh hätte — in den Kourier zurück — Heimweh nach der rüttelnden Eisenbahnfahrt!

Ich bin ohne Rast. Ich komme nicht dazu, Etwas ruhig zu betrachten. Ich gehe fort und will suchen und schauen und merken. Aber es läßt mich nirgends, als ob ich dazwischen wo anders was Wichtiges versäumte. Ich werde das Gefühl nicht los, irgend wohin zu müssen und daß ich mich nur ja um Alles in der Welt nicht verspäten möchte. Das trage ich in mir ganz deutlich, unverwindlich und unwiderleglich; nichts kann meinen Glauben erschüttern. Nur was es denn eigentlich ist und wo es wohl sein mag, das kann ich mit allem Raten nimmermehr finden.

Das wirkt eine Weile ganz angenehm, weil Alles immer angespannt, in aufrechter Erwartung und auf der Lauer ist. Aber man ermüdet davon und möchte sich erholen. Das geht noch am ehesten in ganz stillen und philisterlichen Gesprächen, wie gestern mit dem kleinen Fräulein. Sie plaudert allerliebst. Es ist nicht mein Schlag; von der nervösen Feinheit, die ich an den Frauen suche, ist nichts an ihr zu bemerken. Sie hat etwas Amerikanisches — gelassen, verständig und gut. Das achte ich sehr, aber sonst war ich immer froh, nichts damit zu thun zu haben. Es langweilte mich. Jetzt besänftigt es mich und lullt mich ein. Die wunderliche Unruhe war gleich weg, wie sie zu plaudern begann, und es wurde mir sehr behaglich. Das kann ich mir ja dankbar gefallen lassen.

— — — — — — — — — — — — — — —

Wieder in die Eremitage. Zu den Italienern. Meine Lieblinge sind spärlich. Wenige Praerafaeliten und keine besonderen Beispiele. Hauptsächlich die sogenannte „Blüte“. Die Madonna Litta des Lionardo, die Colombina des Luini und die Madonna del Latte des Corregio — alle mit dem gleichen ewigen Rätsel um die schmalen und gerümpften Lippen, das ich so sehr liebe, mit diesem wilden, aber kalten Spotte, der nicht zu deuten ist. Von Rafael drei Jugendstücke, in der Weise des kämpfenden Georg im Louvre; die Madonna Alba aus seiner ersten römischen Zeit. Der alte Tizian vortrefflich: die Danaë, wie in Wien und Madrid, eine Venus mit Spiegel, wie im Louvre, und seine Lavinia als Magdalena. Guido Reni, die Carraccis und Salvator Rosa sehr reich und in köstlichen Proben.

Besonders stolz sind sie auf die Rubens. Aber ich weiß nicht: entweder die Pinakothek hat schönere oder ich bin in den Jahren stumpf geworden wider ihn und sein leidenschaftlicher, aber ewig unveränderlicher Pinsel hat den Zauber über mich verloren. Es gab eine Zeit, da liebte ich ihn über alle Anderen und ich konnte mich gar nicht ersättigen an seinen wilden und stürmischen Entwürfen. Das war damals, als ich für Klinger und Lenz und Grabbe schwärmte. Aber ich bin dann mißtrauisch gegen ihn geworden, weil er mir zu oft die nämliche Geberde der äußersten Leidenschaft genau ebenso wiederholt. Ich habe ihn im Verdacht, daß er das starke und jähe Temperament und die unbändige Begehrlichkeit der Sinne am Ende ein Bischen posirte. Goya hat auch zehnmal dasselbe gemacht; aber es ist jedesmal ein besonderer Wurf aus der aufgewühlten Seele heraus und die alte Leidenschaft hat jedesmal neue Geberden.

Die van Dyck's sind unvergleichlich. Aehnliches habe ich von diesem tiefen und reinen Künstler niemals in solcher Fülle geschaut; mit ehrfürchtigerem Danke habe ich ihn niemals geliebt. An ihm ist Alles echt und wahr. Er hat niemals einen Strich geführt, der nicht aus der letzten Empfindung heraus geschöpft war. Er hat immer mit der ganzen Seele gemalt. Selbst wo der bescheiden lernende Jüngling fremdem Vorbilde gehorchte, da liegt die angebildete Weise doch immer nur wie ein leichter Morgenthau auf seiner Natur; es schimmert überall sein starkes und sicheres Gefühl durch.

Eine unglaubliche Fülle der holländischen Malerei: Franz Hals, Rembrand (41), das Frühstück von Metsu, das Glas Limonade von Ter Borch; mit den Sten, Ostade, Dou, Wouwerman, Ruisdael, Paul Potter u. s. w. kommt man überhaupt gar nicht zu Ende.

— — — — — — — — — — — — — — —

— — — — — — — — — — — — — — —

Diese Verehrung für van Dyck, welche neuerdings wächst, begreife ich auch nicht recht. Ich habe ja lange darauf verzichtet, meine Seele mit dem Verstande zu leiten; ich lasse ihr gerne jede Schrulle. Aber sie wenigstens hinterher zu begreifen, wie sie eigentlich in mich hineingekommen ist und mit der Nachbarschaft zusammenhängt — davon will sich der Ehrgeiz des Verstandes nicht abbringen lassen; wenigstens die Methode des Wahnsinnes möchte er wissen. Dann ist der Mann erst frei, wenn er sich nicht blos jeder

Willkür, jeder Laune, jedem flüchtigsten Motive gehorsam überlassen kann, sondern zugleich das dunkle Getriebe ihrer Herkunft deutlich erkennt. Darum sind diese äußersten Virtuosen der letzten Genüsse alle so nachdenkliche, einsiedlerisch contemplative Benediktiner.

Also warum? Mein Hang nach dem van Dyck hin ist alt. Aber er stimmte niemals mit den übrigen, in keiner Periode. Als ich die großen Werke suchte, die alle Leidenschaft und Tiefe und Gewalt des Lebens enthalten und mir das Unzugängliche der Welt aufschließen möchten, da konnten seine bescheidenen, immer in engen Bezirken genügsamen Vorwürfe meinem ausschweifenden Drange nichts bieten; dennoch liebte ich es, vor ihnen zu weilen. Als dann das Technische an der Kunst mir seine Reize bewies und die Kunststücke der Kunst mein Steckenpferd wurden, da konnte seine schlichte und selbstverständliche Art, die am liebsten das nächste und einfachste Mittel ergreift, wieder meiner Begierde nichts geben; und dennoch vergaß ich ihn nicht und rastete gerne auf seinen Gemälden. Jetzt will ich vom Werke aus und über die Künste des Künstlers hinweg, die mir nur als führende Spuren gelten, nach der schöpferischen Sensation; aber ich kann, wenn ich es an ihm versuche, kein nervöses Raffinement entdecken, das Genuß verspräche — und dennoch lasse ich die Andern und gewinne von ihm eine reichere, tiefere und nachhaltigere Freude. Das heißt: Freude darf ich's nicht heißen, weil mir dazu die Einsicht in ihre Ursache fehlt; aber es kann nicht geleugnet werden, daß es etwas Angenehmes, Wohlthätiges ist. Es wird mich noch stutzig machen, ob nicht vielleicht doch noch außer den Reizen auf die Nerven, vielleicht doch noch — aber das würfe mir Alles um und der ganze Stolz meiner mühsamen Modernität wäre mit einem Schlage zerstört.

Ich habe manchmal das Gefühl, als ob hinter der vergnügten Nervengymnastik und allen lebemännischen Schlauheiten noch irgend etwas in der Seele wäre, irgend etwas ganz Anderes, das sich spröde zurückhält und in stummer Hoheit wartet, bis seine Zeit gekommen sein wird. Das ist mir neulich so eingefallen und will mich nicht wieder verlassen. Ich bin schon beinahe wie das kleine Fräulein, das auch immer von seinen Ahnungen erzählt. — — — — — — — — — — —
— — — — — — — — — — — — — — — — — —

Wir können mit unserem Hotel zufrieden sein. Wir sind vortrefflich untergebracht, und amüsiren uns königlich. Das ist allerdings unser Verdienst, weil wir uns glücklich zusammengefunden haben, Leute von derselben Rasse. Wir sind ein paar gescheidte, ja künstlerische Bursche, aber mit denen man dennoch zusammenleben kann: denn wir sind keine Schulreiter mit unseren Naturen. Es gibt welche, die einen ewigen Circus mit ihrem Talente treiben und jedes Thema, das vom Gespräche angeschlagen wird, ist für sie nur immer wieder eine neue Gelegenheit, sich wieder in einem neuen Schritte, in einem anderen Tempo, mit besonderen Kapriolen zu zeigen — sie produciren sich unabläſſig.

Gott sei Dank, zu diesen gehören wir nicht. Wir gehören unter die Hochmütigen. Das sind, welche die seltene und erfreuliche Gabe besitzen, vor Anderen allein zu bleiben: sie ändern sich nicht gleich, weil Zuschauer da sind, sondern geben sich natürlich, wie wenn sie mit sich allein wären, und es ist ihnen ganz egal, ob der Andere ein richtiges Bild von ihrer geistigen Verfassung gewinnt. Sie haben es nicht nötig, sich über ihr ganzes Talent jederzeit auszuweisen. Wenn's ihnen Einer nicht glauben will, mag er's bleiben lassen. Sie brauchen ihn nicht.

Eines macht uns besonderen Spaß: es sind mehr Diener im Hotel als Herren; auf jeden kommen gleich drei oder vier von diesen scheuen, stummen und demütigen Knechten. Das ist hier die Regel. Der Mensch hat keinen Wert und einen geringen Preis; es kostet nicht viel, mit ihm eine große Verschwendung zu treiben. In jedem Hause wird man am Thore von einem Pförtner empfangen, der Pelz und Galoschen in Verwahrung nimmt; mit diesen in eine Wohnung zu dringen, gilt hier für unschicklich und barbarisch. Aber in allen Stöcken lungern vor allen Thüren wieder andere Knechte, auf den leisesten Wink bereit. Sie haben Alle die gleiche hündische Ergebenheit und wedeln immer scheu und ängstlich mit den Blicken, weil sie stets wilder und gemeiner Mißhandlungen gewärtig sein müssen. Widerspruch kennen sie nicht und was sie Einen nur irgendwie am Auge ablesen, das beeilen sie sich, sofort zu erfüllen. Ich habe am ersten Tage beim Frühstück eine Nummer des „Herold“ kommen lassen, in der uns irgend eine Notiz interessirte. Den nächsten Morgen, wie ich wieder beim Frühstück sitze, kommt der nämliche Diener und bringt mir wieder den „Herold“. Ich hatte alle Mühe, ihm seine Bereitwilligkeit auszureden; er wollte mich durchaus mit diesem langweiligen und unnützen Blatte für alle Ewigkeit versorgen. So sind sie immer: wenn man so unvorsichtig ist, sich heute um vier Uhr einen Syphon auf sein Zimmer zu bestellen, dann wird morgen punkt vier Uhr die Thüre aufgehen und der nämliche schweigende und schleichende Knecht wird auf den nämlichen Tisch wieder einen Syphon stellen und übermorgen wieder punkt vier Uhr u. s. w. alle Tage ohne Ende. Wenn Einen ein Iswoschtschik wieder erkennt, mit dem man einmal ins Alexandratheater gefahren, so hält es außerordentlich schwer, ihn in eine andere Richtung zu dirigiren: er will durchaus wieder ins Alexandratheater. Dienstfertig sind sie sehr und haben den besten Willen; ängstlich lauschen sie, was man wohl begehren könnte. Aber das bringt man ihnen niemals bei, daß die Launen wechseln und man jeden anderen Tag zur selben Stunde wieder etwas Anderes begehrt.

Den 26.

Kainz als Romeo — eine ungeheuere Wirkung auf mich, Aufwühlung des tiefsten Gemütes, ein brausender Föhn durch die Seele, daß alles Schwächliche entwurzelt und das Gestrüpp niedergerissen wird. Ich habe im ersten Fieber allerhand auf Zettel und Wische geschmiert, die ich just bei mir trug — viele Widersprüche, die sich erst klären müssen. Ich will jetzt die ganze Reihe seiner großen Rollen sehen; vielleicht ordnet es sich dann und es wird mir ein sicheres Verständnis daraus.

Ebenso die Duse heute in Fernande. Das war noch größer und reicher. Ich kann davon nicht erzählen. Es muß sich erst setzen und niederlassen und heimisch werden. Jetzt sind's noch blos seltsame und irre Zeichen, mit denen eine starke Freude verbunden ist, aber die ich nicht deuten und nicht ausdrücken kann. Ich will ganz stille halten, unter dem stäubenden Sturze der Impressionen, die mich gesund baden. Aber es wird noch eine Weile dauern, bis der langsame Verstand die jähe Flucht der Erlebnisse einholt und eine Botschaft davon gewähren kann. — — — — — — — —
— — — — — — — — — — — — — — — — —

Ich habe gestern das kleine Fräulein besucht. Ich schreibe das blos als einen neuen Beweis auf, daß ich mich mit mir nicht mehr auskenne und die Einsicht in den Mechanismus meiner Instinkte verloren habe. Ich ging zu ihr, ohne es zu wissen, ohne es zu wollen, wie eine Motte ins Licht. Ich hatte keinen Plan, keine Absicht, keinen Zweck, sondern ich folgte einem wunderlichen Zuge nach Ruhe. Ruhe, Ruhe — freilich habe ich das dort gefunden, aber ich bin doch sonst niemals so gewesen!

Sie wohnt ganz enge und einfach. Die Stube ist durch eine spanische Wand geteilt, welche das Bett versteckt. Ein Schreibtisch, ein Spiegel und vor dem Sopha, mit zwei Fauteuils, noch ein anderer Tisch. Unser Gespräch war ebenso möblirt. Ich zerbreche mir vergeblich den Kopf, was wir eigentlich geredet haben mögen. Ich kann es nicht finden, sondern ich höre blos immer das leise, feine, gläserne Stimmchen. Ich glaube fast, ich gehe dahin, wie man sich einen Kanarienvogel ins Zimmer hängt: der zwitschert so lieb und man braucht nichts zu denken. Ihr Verkehr hat einen einlullenden Zauber auf mich: alle Bewegung der Seele aus Zweifeln und Widersprüchen entschläft mir. Aber warum soll ich dem ewig unverwindlichen Philister da drinnen nicht auch einmal eine Freude machen? Ich gebrauche das kleine Fräulein wie Opium oder Brom gegen den Aufruhr der Sinne und Nerven.

— — — — — — — — — — — — — — —

— — — — — — — — — — — — — — —

In der Eremitage den russischen Saal untersucht. Etwa anderthalb Jahrhunderte russischer Malerei sind da beisammen. Vor dem 18. scheint überhaupt gar nichts gewesen zu sein. Vom Rococo haben sie hier keine Spur; sondern es ist gleich ein langweiliger, steifer und schwindsüchtiger Academieklassicismus, der vom Leben nur einen schwachen, erkünstelten Schein hat und nach der staubigen, verschwitzten Schulbank riecht. Korrekter kann man nicht sein; öder und trübseliger auch nicht. Es steht nicht dafür die Namen der kunstlosen Stümper zu notiren. Es sind in den beiden großen Sälen überhaupt blos zwei, die mit den eigenen Augen etwas Eigenes gesehen und empfundene Erlebnisse gestaltet haben; das freilich sind zwei Meister. Sie gehören Beide der Gegenwart. Da ist der alte Aiwasowsky, ein mächtiger und wirksamer Landschafter. Er experimentirt mir ein Bischen zu viel mit der Farbe herum und ich habe das Gefühl, daß es manchmal construirte Effecte sind; aber wenigstens geschieht es aus seinem eigenen Gefühl heraus, aus seinem lebendigen Bedürfnisse heftiger Contraste, daß er sie construirt: er mag ihnen draußen nirgends begegnet sein, aber sie sind ihm doch innerlich begegnet. Man wird vor seinem schwarzen Meere über Mancherlei streiten; zu einem ruhigen, ungestörten Genuß werden Einen kräftige Widersprüche nicht kommen lassen; aber es ist doch wenigstens ein Bild, vor dem man etwas denkt und empfindet, weil es aus starken Gedanken und Empfindungen erwachsen ist. Gewaltiger und reiner ist Makowsky. Er hat eine wunderbare Einheit der Absicht mit den Mitteln. Alles an ihm ist selbstverständlich und, wenn man sich geflissentlich müht in Gedanken Etwas zu ändern, es gelingt nimmermehr: Alles muß sein, wie es ist, und auch nur einen Augenblick, blos in der Vorstellung, seine Ausführung zu verlassen und mit einer anderen zu vertauschen, ist unmöglich. Es ist Alles notwendig, bis in das letzte und einfachste Detail, weil Alles von dem nämlichen, großen und sicheren Gefühl geboten ist, das sich nicht beirren läßt.

Den 28.

Es ist eigentlich sehr komisch. Wir fanden uns hier drei Freunde zusammen, den nämlichen Trieben ergeben und von der nämlichen Rasse der unnachgiebigen Sucher, die ein verschleiertes Bild beklemmt. Wir haben uns rasch erkannt und Einer tröstete sich am Andern, daß an ihm die gleiche Wucht von Fragen und von Zweifeln war; je emsiger er durch den Anderen forschte, desto deutlicher gewann er nur immer sich selbst. Das hat einen großen Zauber, daß wir jetzt alles Andere lassen und überhaupt sonst nichts mehr thun; sondern unbekümmert um die fremde Stadt, taub für ihre Reize und gleichgiltig gegen jede touristische Pflicht, sitzen wir am liebsten irgendwo in einer stillen Ecke beisammen und plaudern, Nächte lang. Es ist uns viel wichtiger, uns über uns selbst zu erklären, als über dieses finstere und unheimliche Land, das uns ja schließlich gar nichts angeht.

Gestern war die Schauspielerei an der Reihe. Wir stritten über ihre Stellung unter den Künsten. Ich habe es niemals begriffen, wie man die Künste in verschiedene Ränge abteilen kann. Die eine gilt mir so gut wie die andere. Wenn Einer nur etwas wirksam und unwiderstehlich erlebt, so daß er es nicht verschwiegen für sich behalten kann, sondern, mit allen Kräften seiner Natur gerüstet, aus sich gestalten muß, dann ist er — wenn ihm dieses das ganze Leben auch nur ein einziges Mal begegnet — dann ist er ein Künstler. Ereignisse der Seele mit solcher Kraft des Gefühles bewaffnen, daß sie die Seele verlassen und ein von ihr getrenntes, selbständiges Leben erwerben können, das ist Kunst. Die Mittel bedeuten nichts. Wie Einer sein Inneres nach Außen transportirt, per Musik oder Farbe oder Wort, das kann an dem Wesen nichts ändern. Ereignisse erleben und sie in eigener Gestalt aus sich heraus versenden — das macht mir den Künstler aus. Das Instrument, das sich Einer wählt, ist mir ganz gleich. Der Musiker, der Maler, der Dichter, der Bildhauer, der Schauspieler — ich kenne unter ihnen keine Grade und Ränge.

Dagegen wurde eingewendet: der Schauspieler gestaltet kein eigenes, sondern immer nur fremdes Ereignis; die Vorbedingung aller Kunst ist ihm versagt, seine besondere Welt auszudrücken. Er muß der Vorschrift einer anderen Natur gehorchen; kein Erlebtes, sondern immer blos Angelebtes stellt er dar. Er ist immer im Dienste von Anderen, ohne die er überhaupt nicht wäre. Er ist nur Instrument. Nicht mit dem Maler, mit dem Bildhauer oder dem Musiker, sondern mit der Farbe, mit dem Marmor und mit dem Klavier muß man ihn vergleichen.

Es handelt sich niemals um den Gedanken, um das Gefühl, um irgend eine Stimmung des Schauspielers, sondern was er spielt, das sind die Gedanken, die Gefühle und die Stimmungen von Anderen — und welche zudem von diesen Anderen bereits ausgedrückt sein müssen, sonst könnte er überhaupt gar nichts von ihnen wissen. Der Proceß der Kunst muß bereits fertig sein, wenn der Schauspieler erst beginnen kann; und was der Schauspieler beginnt, das ist kein künstlerischer Proceß, weil er ihn nicht aus sich, sondern immer aus Anderen holt. Er kann immer blos repetiren, was von den Anderen bereits vorher vollbracht sein muß.

Ich habe darauf entgegnet: Nehmen wir einmal eine unzweifelhafte Kunst, ob gegen sie nicht vielleicht die nämliche Anklage vorgebracht werden kann. Nehmen wir die Musik Beethovens zum Egmont. Es kann gegen sie ganz eben derselbe Beweis geführt werden. Es kann mit dem nämlichen Rechte gesagt werden: die Kunst mußte überhaupt schon vollbracht sein, damit Beethoven beginnen konnte, und was er begann, das war nur eine Wiederholung jener schon fertigen Kunst durch andere Mittel. Er hat blos das Goethe'sche Erlebnis aus dem Dramatischen ins Musikalische übersetzt.

Aber hier wendet gleich Jeder ein: diese Musik enthält mehr als das Goethe'sche Erlebnis — sie enthält aus Anlaß dieses Erlebnisses ein anderes, besonderes und eigenes. Für sie ist der Goethe'sche Egmont, was für den Goethe'schen Egmont der historische war: eine Gelegenheit, sich selber los zu werden. Es ist nicht wahr, daß sie seine Empfindungen blos in einen anderen Ausdruck versetzt, sondern sie gibt aus dem nämlichen Anlasse andere Gedanken, andere Gefühle und ein anderes Erlebnis.

Ich glaube, das Nämliche gilt für die Schauspieler. Es ist nicht wahr, daß der Schauspieler blos ein Organ des Dichters ist und daß immer nur der Dichter von ihm ausgedrückt werden kann und ausgedrückt werden soll. Sondern ich unterscheide drei Arten von Schauspielerei.

Der Proceß beginnt mit irgend einem Ereignisse in der äußeren Natur. Dieses wird dem Dichter zum inneren Erlebnis. Daraus gestaltet seine Kunst, indem sie ihr ganzes Vermögen hineingibt, ein lautes und kräftiges Geschöpf, das in die Welt geschickt wird. Nun kann der Schauspieler entweder simples Instrument sein, das nichts thut, als jenes dichterische Geschöpf ins Körperliche und Leibhaftige übertragen. Oder der Schauspieler kann von diesem Geschöpfe aus durch den ganzen Proceß auf jenes äußere Ereignis zurückgehen, das nun in seiner Besonderheit ein besonderes inneres Erlebnis und am Ende eines besonderen Processes ein besonderes Geschöpf geben wird. Oder endlich das Geschöpf des Dichters kann dem Schauspieler das Ereignis der äußeren Natur werden, von welchem für ihn ein inneres Erlebnis und der ganze künstlerische Proceß beginnt, bis am Ende zu seinem lauten und kräftigen Geschöpf, das in die Welt geschickt wird. Das sind die drei Nuancen der Schauspielerei. Es gibt welche, die blos das Wort in die Geberde übertragen und ganz hilflos sind, wenn sie der Dichter einmal verläßt. Es gibt andere, welche aus der Dichtung das Erlebnis des Dichters gewinnen, in der Vorstellung selber erleben und gestalten. Und es gibt noch andere, welchen die Dichtung ein Erlebnis wird.

Wir redeten lange hin und her. Am Ende hatten wir uns wirklich fast bekehrt, so daß nun ein Jeder die frühere Meinung des Anderen verteidigte und der Streit noch einmal von vorne beginnen mußte. Es war lustig, daß der Dichter für den Schauspieler plaidirte, während gerade der Schauspieler durchaus ein Privileg für den Dichter verlangte. Sein eigenes Vermögen achtet Jeder gering und was ihm versagt ist, das gerade erscheint ihm begehrenswert.

In allen Gedanken des Gespräches waren überall Ansätze zu jener ungeheueren Gesamtkunst der Zukunft. Man denke sich ein mächtiges Stück Natur von einem genialen Gefühle in eine gigantische Vision verwandelt.

Dieser begegnen mit ihren besonderen Naturen Maler, Musiker und Dichter und Jeder schafft seine besondere Welt, die Jeder mit seinen besonderen Mitteln gestaltet. Ein großer Ordner verbindet die Teile. Das wäre die Sehnsucht. —

Ich bin jetzt täglich mit dem kleinen Fräulein. Sie wird mir unentbehrlich. Es ist ein stilles und gelassenes Wohlsein, das sie mir schenkt — Aehnliches habe ich niemals empfunden. Sie hat mir einige Punkte in meinem Ich entdeckt, die ich nicht vermutete. Es muß da ein ganzes, weites, gar nicht ärmliches Gebiet in mir sein, das — ja, was ist mit dem eigentlich bisher gewesen? Es ist die Gegend des Friedens und einer ernsten, frommen Heiterkeit. Ich bin neugierig, was sich da noch Alles entwickeln mag. Man kann gar nichts wissen. Ich habe manchmal das Gefühl, es könnte etwas unsäglich Liebliches und Gutes geben — und ich bin die ganze Zeit über heillos dumm gewesen und habe nichts geahnt davon! Es kann aber auch eine verhängnisvolle Niederlage werden, indem das Hausbackene und die Ofenbankstimmung alle brave Frechheit und den guten Uebermut ausrotten würde.

Ich weiß nur das Eine: mir ist sehr wohl. Und warum soll man sich das nicht am Ende auch einmal gefallen lassen?

Ich bewundere mich, daß ich so lange mit ihr

aushalten kann. Was mir zur Freundschaft das Wichtigste ist, das nervöse Talent, das die Sprache der Gedanken und Gefühle gar nicht nötig hat, sondern aus geringen Zeichen jede Stimmung annimmt, fehlt ihr gänzlich. Sie hat einen heiteren, klaren Verstand und ein mildes, liebes Gemüt, das das Feindselige und Böse im Menschen selber nicht kennt und darum nirgends vermutet.

Den 29.

Ich bin diese Tage mehrere Male eingeladen gewesen. Man hat mich mit allerhand Leuten zusammengebracht, die neugierig waren, wie ein solches Ungetüm von naturalistischem Dichter eigentlich aussähe. Ich merkte es wohl, daß sie mich „studiren" wollten, und ermangelte nicht, nach allen Regeln der Kunst zu posiren. Was ich jemals über die Decadence irgendwo gelesen oder gehört habe, das spielte ich ihnen mit beharrlichem Eifer vor und wenn sie jetzt nicht ein für alle Male genug haben, es ist wahrhaftig nicht meine Schuld.

Aber ich hatte gehofft, ich selber würde auch etwas davon haben. Ich wollte ihre Profile aufnehmen, vergleichen und schätzen. Es ist nicht viel daraus geworden. Sie sind Einer wie der Andere. Man behält von ihnen blos einen vagen, zerfließenden Begriff, der nicht in sicheren Ausdrücken, sondern blos als ein ungestalter, nebelhafter Schimmer dem Gedächtnis bleibt.

Sie haben nichts Individuelles, keine Bestimmtheit, keine Entschiedenheit, keinen ausgesprochenen und festen Charakter. Man verwechselt sie immerfort untereinander, weil die Blicke, die Gesten, die Reden an Allen dieselben sind. Sie legen, wenn sie in Gesellschaft kommen, ein allgemeines, vorgeschriebenes Betragen wie eine steife, aber unentbehrliche Toilette an und wie sie sonst sein mögen, wenn sie sich ungezwungen und natürlich geben, davon hat man keine Ahnung und man hat danach wenig Verlangen. Trotzdem ist ihr Verkehr sehr liebenswürdig und gefällig; oder er ist vielleicht gerade deswegen sehr liebenswürdig und gefällig; man wird durch keinen eigenen oder besonderen Zug aufgehalten und zum Nachdenken gereizt, man kann sich ungestört der geselligen Freude überlassen, welche gewissermaßen blos von Puppen oder Schattenrissen aufgeführt wird. In romanischen Gesellschaften ist es schwer, dem Gespräche zu folgen oder gar sich selber darin glänzen zu lassen, weil das eigene Ich von den Anderen, die immer besonders und merkwürdig sind, leicht absorbirt wird: man vergißt sich selber vor lauter freudiger Neugier. Hier bleibt das Suchen unbelohnt und jedes fremde Interesse schläft bald ein.

Ich kann nicht sagen, wie die Russen sind, die Russen der vornehmen Gesellschaft. Ihre Fräcke sind vortrefflich geschnitten, ihre Schuhe sind vortrefflich lackirt, ihre Hemden sind vortrefflich gestickt — das ist Alles, was ich von ihnen weiß. Ob sie unter dem

Frack und hinter dem Lack noch etwas haben, davon konnte ich einstweilen noch keine Spur entdecken. Wie man es anfangen müßte, sie zu unterscheiden, wenn zufällig nicht ein Jeder auf einen besonderen Namen getauft wäre, das bleibt mir ein Räthsel. Ich habe mir immer ihre Namen genau eingelernt und dennoch habe ich sie immer wieder, so oft sie so unvorsichtig waren, die Kleidung zu tauschen, verkannt und untereinander verwechselt. Ihre Mienen, ihre Sprache, ihre Gesten sind mit keinem besonderen Zeichen gemerkt, das man behalten möchte.

Von der Russin habe ich mir viel versprochen. Darüber hat die Marholm einmal eine geistreiche und amüsante Studie geschrieben. Ich vertraue der Marholm sehr. Sie beobachtet vortrefflich und sie weiß ihre Beobachtung vortrefflich zu suggeriren. Es ist freilich eine besondere Weise der Beobachtung und eine besondere Weise der Suggestion. Sie nimmt nicht ein Zeichen nach dem anderen auf, um sie wiederzugeben. Sondern sie überläßt sich einem Eindrucke, bis seine Stimmung sie ganz überwältigt und alles Andere aus ihr vertrieben hat; und aus dieser Stimmung heraus dichtet sie dann ansteckende Gestalten. Ein Anderer, wenn er einem Charakter begegnet, will seinen Steckbrief ablesen: welche besonderen Zeichen und Merkmale er hat, das sucht er auszuforschen und aufzuzeichnen. Sie verschmäht dieses alte Verfahren. Sie interviewt nicht und notirt nichts. Sondern mit gierig lauschenden Nerven und Sinnen fängt sie die Stimmung auf, die aus diesem Charakter rieselt, bis sie in alle Poren damit erfüllt und völlig gesättigt ist. Dieser Stimmung überläßt sie alle Kräfte und überläßt sich den Träumen, die aus ihr wachsen. Diese verdichten sich und bilden sich zu faßlichen Gestalten, von welchen sie umständliche und suggestive Botschaften gibt. Wer diese vernimmt, erfährt aus ihnen, indem er die nämliche Stimmung erfährt, gerade das Wesentliche jener Erscheinung; aber es kann schon passiren, daß er ihre äußeren Merkmale durchaus verfehlt. Es kann schon passiren, daß sie Einen für rothaarig und verwachsen ausgibt, der ein schlanker und schwarzer Geselle ist und blos in der Seele etwas Rothaariges und Verwachsenes hat. Sie photographirt die Menschen nicht, sondern sie macht lyrische Gedichte über sie, aus ihnen. Das ist nicht Jedermanns Geschmack; meiner ist es sehr.

Sie hat einmal über die russischen Frauen ein sehr vergnügtes Feuilleton geschrieben. Ein Bischen von oben herab, wie sie das liebt, und mit rascher Einteilung, ohne viel Umstände zu machen. Darnach gibt es nur zwei Typen von Russinnen: die Einen sind überhaupt keine Weiber und die Anderen sind nichts als immerfort Weiber, in unermüdlicher Ausübung der eigentlich weiblichen Function. Die Einen sind blos für die Gelehrsamkeit und tragen Brillen; die Anderen sind blos für die Liebe und liegen auf dem Sopha. Brillen habe ich keine gesehen; aber mit dem

Sopha stimmt es. Von dem gelehrten Typus habe ich keine Exemplare gefunden. Sie treiben sich im Auslande herum und vermiesen die sonst begehrenswerte Schweiz. Darum gilt bei uns die Russin für häßlich, weil sie nach diesen entarteten Beispielen beurteilt wird, welche die Wissenschaft lieben.

Aber die erotischen Exemplare sind höchst erfreulich. Sie sind gleich mit ganzer Seele dabei. Niemals im Leben haben sie einen anderen Gedanken. Was dem Reize und der Befriedigung helfen kann, ist virtuos an ihnen entwickelt; alles Fremde ist ausgeschieden und entfernt. Sie vermeiden jede Vergeudung der Kraft und sparen sich ängstlich Alles für den Beruf; auch sonst bleiben sie immerfort auf der Chaiselongue und man merkt es, wenn sie sich einmal über die Straße bewegen, an dem hilflosen und schwanken Gange, daß ihnen die aufrechte Haltung etwas Ungewöhntes und unbegreiflich Seltsames ist. Umständliche Elegance lieben sie nicht; meist findet man sie gleich ohne Mieder — es gibt keine unnütze Verzögerung. Aber in dem eigentlichen Geschäfte sind sie sehr civilisirt und die Kultur ihrer Liebe ist vollkommen, mit der ganzen Bildung aller Jahrhunderte reichlich versorgt.

Sie sind très femme: Raubthiere mit Engelsscheinen. Sie verhüllen das eigentliche Weib nicht. Sie thun nicht erst lange, als ob auch irgend etwas Menschliches an ihnen wäre. Sie schminken sich nicht erst allerhand verlogenen und widernatürlichen Anstand an. Alle Laster fordern sie als das gute Recht ihrer Natur. Sie behalten eine priesterliche Strenge in allen Verworfenheiten, als ob sie geweihte Aufträge und einen erhabenen Zweck verrichteten. Es ist immer wie ein ernster, schauerlicher Gottesdienst der Sünde. Baudelaire hat einmal einen Vers geschrieben: der will mir, seit ich die Russin kenne, nicht aus dem Ohre. Darin ist ihr ganzes Wesen:

„Ah! les philtres les plus forts
Ne valent pas ta paresse,
Et tu connais la caresse
Qui fait revivre les morts!

Tes hanches sont amoureuses
De ton dos et de tes seins.
Et tu ravis les coussins
Par tes poses langoureuses.

Quelquefois pour apaiser
Ta rage mystérieuse,
Tu prodigues, serieuse,
La morsure et le baiser!“

— — — — — — — — — — — — — — —

— — — — — — — — — — — — — — —

Wieder ein verwickeltes Zickzackgespräch, drei Stunden lang, bis wieder Alle ganz heiser und stumpf waren — wieder über die Kunst, natürlich. Es kommt zwar nichts heraus dabei, aber man formulirt sich doch wenigstens deutlich: es ist eine gegenseitige Geburtshilfe der Gedanken. Der Widerspruch treibt Einem manches Geheimnis heraus.

Die alte Geschichte — auf wen soll der Künstler wirken? Hier werden wir uns mit den Schauspielern niemals verständigen. Den einsamen Hochmut des erdenscheuen Künstlers, der außer sich keine Welt kennt und aus dem eigenen Drange alle Gesetze holt, können sie nicht begreifen. Ihr letztes Argument ist immer der Erfolg. Was nicht wirkt, das ist für sie gerichtet.

Ich lasse die ganze Frage überhaupt nicht zu. Ich leugne sie von vorne herein und nehme ihr jede Geltung. Die Wirkung hat mit der Kunst gar nichts zu thun und der Künstler kann keinen Augenblick an sie denken. Wo sie überhaupt erst anfängt, gerade da hört sein Beruf schon wieder auf. Sein Beruf hört auf, wenn er ein Stück von seiner Seele gelöst, mit Lebenskraft bewaffnet und aus sich hinausgestoßen hat. Was dann weiter mit ihm passirt, welche Schicksale es erfährt, wie sich die Anderen mit ihm vertragen, das ist eine Angelegenheit für sich, die die Kunst und den Künstler nicht kümmert. Er ist fertig, wendet sich erleichtert ab und wartet, bis ihn der ärgerliche Zwang aufs Neue überwältigt. Das Werk kann Mancherlei erleben: es kann Feindschaft und Haß oder Ruhm und Liebe gewinnen; es kann wunderbaren Segen und Frieden stiften in einer irren, ratlosen und geängstigten Zeit, und es kann viele Geschlechter in Fluch und Verdammung stürzen, daß sie in Not und

Elend verkümmern; es kann die Paläste der Großen schmücken und es kann die Kerker der Geknechteten sprengen. Die Lenker der Staaten, die Räte der Fürsten, die Erzieher der Völker werden es darnach behandeln. Das ist ihr gutes Recht: sie dürfen es nicht versäumen. Sie wachen über der Wohlfahrt der Menschen. Sie entscheiden, welche Kunst ihr hilft, welche Verderben bringt. Aber der Künstler kann darnach nicht fragen. Sein Beruf ist vorbei, wenn sein Werk vollbracht ist. Die Kunst hat außer sich selbst gar keinen Zweck. Sie kommt aus einem geheimen, unwiderstehlichen Drange, der gestaltet sein will; wenn er befriedigt ist, ist sie vorbei.

Sie wußten mir nichts zu entgegnen, auch dieses Mal nicht. Sie können nicht sagen: Nein, das ist es nicht! sondern die Kunst ist etwas anderes, dieses oder jenes. Sie räumen mir alle Prämissen ein, weil sie Künstler sind; aber den Schluß wollen sie nicht gelten lassen, weil sie Schauspieler sind. Sie haben keinen stichhaltigen Einwand, sondern sie reden nur aus einem dunklen aber zähen und unverwindlichen Gefühle heraus, das wahrscheinlich am Ende nichts als ihre andressirte Lüsternheit nach Beifall ist. Diese leichtfertige und wahrheitswidrige Behauptung tragen sie als eine unumstößliche Erfahrung vor: die echte Kunst hätte zu allen Zeiten immer auf Alle gewirkt. Sie vergessen, daß Goethe den erbosten Zeitgenossen ein verirrter Sonderling war, der leider einen confusen Prinzen in sich vernarrte; sie vergesse das wilde Martyrium von Berlioz und Wagner; sie vergessen, daß das lügnerische Geheul, welches jedesmal von der Bildungsheuchelei nachträglich aufgeführt wird, nichts beweisen kann, weil es von den Werken überhaupt gar nichts weiß und zu ihnen kein Verhältnis hat, sondern nur auf einmal von der höhnischen Tyrannei der Mode für eine Weile anbefohlen ist.

Aber nein, es nützt Alles nichts und wenn man sich tausendmal die Gurgel wund deklamirt — sie wollen durchaus allerhand verdächtige Absichten in die Kunst hinein verschmuggeln. Sie soll bilden, soll erziehen, dem kommenden Geschlechte die neuen Ideale geben — und was weiß ich Alles! Ich habe ja gar nichts dagegen, wenn irgend eine Kunst einmal nebenbei auch solche Erfolge zufällig verrichtet. Ich wünsche ihr vom Herzen Glück; Orden und Festbankette sind ihr gewiß. Nur deswegen gerate ich immer gleich in Eifer und Wut, weil ich den schlimmen Verdacht nicht loswerde, daß es blos wieder eine neue Ausrede der Stümper und Pfuscher geben soll: diese moralischen Musterknaben, welche kein Talent beirrt, haben immer die ehrwürdigsten Tendenzen verfolgt und weil sie um den gemeinen Geschmack herumwedeln und zu den häßlichsten Instinkten betteln — das verbürgt ihnen die große und tiefe „Wirkung"! — — — — — —
— — — — — — — — — — — — — —

Ein einziger Einwand ist vorgebracht worden, der

sich hören läßt. Das kleine Fräulein war dabei. Sie horchte lange stille zu und mischte sich nicht in den Hader. Das verdroß mich. Sie gerade wollte ich überzeugen. Die Meinung der Anderen gilt mir nichts. Aber sie sollte mir mein Recht bestätigen. Ich ging endlich direkt auf sie los. Sie sollte sich entscheiden, für oder gegen mich. Da ließ sie sich wunderlich vernehmen.

Darin ist sie auf meiner Seite, daß der Künstler nicht nach der Wirkung fragen darf; aber er wird, wenn er nur ein rechter und reiner Künstler ist, der Wirkung nicht entbehren. Die Kunst soll keine Wirkung haben, aber sie hat eine. Die Wirkung ist nicht der Zweck der Kunst, aber sie ist ihre unvermeidliche Folge. Die Kunst darf auf sie niemals angelegt werden; aber wenn sie nur rechtschaffen ihrem Drange folgt, dann kommt die Wirkung von selber.

Zuerst sah es so aus, als räumte sie mir alle Prämissen ein, und blos am Ende mischte sie irgendwie die Wirkung dazu — ich wußte selber nicht, durch welche Volte. Aber es zeigte sich dann, daß ihre erste Prämisse gleich anders ist. Und das ärgert mich, daß ich dagegen keinen Widerspruch weiß.

Darin stimmen wir überein, daß die Kunst ein Stück Seele zu selbständigem Leben gestalten und in die Welt hinausgeben soll; damit ist ihr Beruf erfüllt, und was sonst noch an Folgen und Wirkungen sich ereignen mag, das kümmert die Kunst nichts mehr. Aber mir genügt zum Künstler das Vermögen, Erleb-

nisse zu gestalten, aus der Seele zu scheiden und in unvergänglichen Zeichen zu verschicken. Wenn Einer dieses vermag, dann ist er ein Künstler. Das will sie nicht zugeben. Sie verlangt mehr. Es muß eine besondere, durch Güte und Größe ausgezeichnete Natur sein, die sich gestaltet. Wenn einer niedrigen, krummen und verkümmerten Seele das Talent gegeben wird, ihre Ereignisse in lebendigen Botschaften auszudrücken, das gibt noch lange keine Kunst. Sondern es muß von vorne herein eine adelige, vornehme und köstliche Bildung sein, damit nur überhaupt Kunst beginnen kann; und wenn sich dazu jenes gestaltende Talent gesellt, das die Kunst vollendet, dann wird zuletzt auch jene freudige und volle Wirkung nicht fehlen, die jede Aeußerung reiner Güte begleitet. So hat sie sich das ganz simpel zurechtgelegt. Ich weiß nicht, was man dagegen sagen soll. Es paßt mir eigentlich gar nicht. Aber es klingt treuherzig und gut, wenn sie versichert: sonst könnte man die Kunst ja nicht lieben, wenn nicht schon an den Künstlern etwas Liebenswertes und Tüchtiges wäre. — — — — — — — — — — —
— — — — — — — — — — — — — — — —

Ich möchte nicht gerne mißverstanden werden. Ich habe vor der Polizei allen erdenklichen Respect. Ich beuge mich vor ihren Befehlen und wenn sie ein Kunstwerk verfehmt, dann zweifle ich nicht, daß es mit gutem Grunde geschieht. Ich verlange für den Künstler keine besondere Freiheit und kein besonderes

Recht. Ich weiß, daß seine launische Willkür den Staaten gefährlich würde. Ich weiß, daß die Völker andere Bedürfnisse haben als die Schönheit und die Wahrheit. Ich weiß, daß der Verlauf der Geschichte alten Satzungen folgt, die nach den Wünschen der Träumer nichts fragen. Das Volk will, daß das nächste Geschlecht wehrhafte Soldaten und gesunde Mütter bringe. Das ist seine einzige Sorge. Wenn nur die Habsucht der Nachbarn von den Grenzen verjagt und eine waffenbereite Nachkommenschaft gesichert ist, das Uebrige kümmert den Staat und das Volk nichts; in dieser heiligen Pflicht ist ihre Würde. Zum Siege gerüstet zu bleiben ist ihr Wille; sonst nichts. Alles Andere schätzen sie gering und verschmähen seine Bedeutung. Sie haben Recht: wenn es die kriegerische Größe des Volkes gilt, davor muß jede andere Rücksicht verstummen.

Davor beuge ich mich. Was die Entwicklung des Volkes hemmt und seine Gesundheit lähmt, das soll, und wäre es die edelste Feinheit der Kunst, das soll verbrannt und ausgetrieben werden: denn über dem Heile der Kunst ist die Wohlfahrt des Volkes. In das landläufige Geheul wider die Censur werde ich niemals stimmen.

Ich bin also ganz bescheiden und nüchternen Verstandes. Die bürgerliche Ruhe hat von mir nichts zu fürchten. Die Staaten mögen sich das einrichten, wie es ihnen gefällt, und wenn sie es für notwendig erachten, irgend ein Kunstwerk auszuweisen und zu verbannen — ich werde mich ihrem Beschlusse gelassen und gehorsam fügen.

Aber sie sollen mir nur von der Kunst nicht Dinge verlangen, die sie nicht gewähren kann. Wenn irgend eine Kunst der Nationalökonomie schadet, dann mögen sie sie meinetwegen verbieten. Aber sie sollen der Kunst nicht gebieten, daß sie der Nationalökonomie nütze. Das kann die Arme nicht leisten. Und wenn wir zugeben, daß die Kunst den Staat nicht verderben darf, warum soll denn der Staat die Kunst verderben dürfen?

Aber es ist ganz gleich, ob es sich um die Nationalökonomie handelt, oder um die Religion, oder um irgend eine wolkenheimische Moral. Wenn mir Einer von der Kunst verlangt, daß sie die Menschen bessern soll, mit dem nämlichen Rechte kann er verlangen, daß sie den Staatscredit steigern oder die Steuern erleichtern soll. Es sind immer unkünstlerische Zwecke, die von ihr gefordert werden und die Kunst kann nur Kunst gewähren.

Die Kunst hat mit dem Volke und mit den Menschen nichts zu thun; das Schicksal der Staaten kümmert sie nicht. Sie will nur ihre eigene Größe und nur ihre eigene Tiefe; jedes Opfer, das ihnen gebracht werden muß, gilt ihr gering. Wenn sie nur zu schweren und langen Blüten gedeiht — mögen unter ihrem schwülen Dufte Staaten und Völker ver-

welken und ersticken. Diese Sorge ist ihr fremd; s
kennt außer sich nichts. Sie begehrt von Staat un
Volk nichts und Staat und Volk haben von ih
nichts zu begehren: es sind zwei geschiedene Welte
die einander nicht treffen können, niemals.

Das ist meine Meinung. Das habe ich ihne
in hundert Beteuerungen tausendmal beschworen. Abe
sie wollen nicht nachgeben. Es klebt ihnen irgen
woher der läppische Aberglaube unvertreiblich an, da
eine erzieherische, volksbildnerische, priesterliche Würd
in der Kunst sein müsse. Den können sie niemal
verwinden.

Dieser Wahn ist alt und gemein und e
schmeichelt der eitlen Einfalt. Sie glauben, sich eine
besonderen Adel zu geben, wenn sie sich eine
Schimmer von dem geweihten Ansehen des Staate
leihen. Das stille Mutterglück des Künstlers, wen
er seine junge Geburt in den Armen wiegt, genüg
ihnen nicht; Apostel und Propheten wollen sie sei
Vielleicht mag es auch daher sein, weil die Kun
überall aus der Kirche kommt; die Magd des Glauben
ist sie lange gewesen. Sie hat sich zur Einsamke
befreit, aber die vergangene Knechtschaft haftet imme
noch an ihrem Rufe.

Es ist lustig, wenn man sich scheinbar herabläß
ihren Satz anzunehmen; die babylonische Verwirrun
wird dann heillos. Gut, zugegeben: die Kunst mu
wirken; aber auf wen soll sie wirken? Ist es de

dumpfe Wahn der Mehrheit, welcher entscheiden darf, oder woran erkennt man die Wenigen, welche zum Urteile berufen sind? Ist es der stille Drang des schlichten Pöbels, an dem die Wirkung gemessen werden muß, oder soll der satte Hunger nach neuer Würze richten? Wird nicht die allgemeine Schönheit der Märkte dem verwöhnten Einsiedler der Kunst für häßlich, niedrig und verwachsen gelten? Wer ist der Richter, wo sind Maß und Urteil?

Ich habe sie mit solchen Fragen gut durcheinander verhetzt. Ich freute mich, wie sie sich mit wachsendem Grimme entzweiten und bekriegten. Und so geistverlassen und kunstverschmäht war doch Keiner, daß er sich erfrecht hätte, dem Beifalle der Gallerien, dem allgemeinen Geschmacke das Wort zu reden.

Aber Beifall muß sein. Anders thun sie's nun einmal nicht. Davon bringt man sie nicht ab. Darin sind sie Alle gleich. Mir ist eine Geschichte eingefallen, die Ludovic Halevy erzählt, von der Desclee. Die hatte einmal, in irgend einer Première des Gymnase, einen ungeheueren Erfolg. Sie muß immer wieder aufs Neue erscheinen und der fanatische Jubel will kein Ende nehmen. Die Freunde eilen auf die Bühne und überschütten sie mit stürmischen Glückwünschen. Welch' ein Triumph! Nein, sagt sie, es ist ein Durchfall: Da oben, im ersten Range, ganz vorne, da sind zwei Affen, die rühren sich nicht und haben noch kein einziges Mal geklatscht! — Was kann

Ihnen daran liegen, wenn es Affen sind! — Oho, mein Lieber, gerade die Affen, wohin käme man ohne die Affen! Sie bilden ja doch die Majorität! — Und nach dem nächsten Akte erschien die Desclee lachend und jubelnd und verkündete den Freunden mit geschwollenem Stolze: „Hurrah! die Affen sind gewonnen — mes deux imbéciles ont ri, mes deux imbéciles ont applaudi!“

Darin sind die Schauspieler unverbesserlich, Einer wie der Andere. Wenn ich es recht bedenke, dann widerriefe ich lieber gleich Alles, was ich jüngst umständlich und pathetisch für ihre Künstlerschaft deklamirte: denn in diesem Punkte sind sie Alle gleich und Alle sind in diesem Punkte kunstwidrige und beifallstolle Banausen. Aber haben wir es nötig, ihre lasterhaften Launen zu äffen? — — — — — — —

— — — — — — — — — — — — — —

Eines muß ich noch anmerken. Sonst vergesse ich es am Ende. Und es ist sehr wichtig: es gibt eine ganz merkwürdige Offenbarung meines Geheimnisses, vor der mir angst und bange werden könnte.

Sie versteht die Kunst der Gerüche nicht. Es ist unmöglich, sich ihr durch die feine Sprache der Parfums auszudrücken. Corylopsis, White Rose, Peau d'Espagne sagen ihr nichts, sondern sie hat davon blos eine lästige, beklemmende Betäubung. Also jene matten, lahmen und verkümmerten Nerven, welche der Deutsche als „gesunde Natur“ rubricirt.

Und sogar — ja diese schauerliche Entdeckung wurde mir nicht erspart!

Und sogar — sie nimmt Kölnisches Wasser! Ich habe es nicht glauben wollen. Aber es läßt sich nicht leugnen. Ich habe mir eine Weile mit der trügerischen Hoffnung geschmeichelt, daß sie es vielleicht blos trinkt. Aber sie wäscht sich mit Kölnischem Wasser!

Und ich habe den Verkehr mit dieser Person nicht abgebrochen. Ich spreche mit ihr wie mit einem vernünftigen und menschlichen Wesen, während sie doch eigentlich nur noch eine Engländerin ist. Ich gebe ihr die Hand wie einem Freunde.

Das Rätsel meiner Seele wird immer schauriger und dunkler.

Aber ich — nein! Nichts von Flucht und Feigheit! Größere Gefahren haben meine Mannheit immer nur desto erwachsener gefunden.

Oder —

Den 31.

Zerschlagen und verdrießlich. Meine Pupillen sind ganz winzig, wollen nichts Deutliches fassen, verschwemmen alle Bilder; es schmerzt mich jede Farbe. Meine Ohren hören zu fein; es ist immerfort um mich ein wilder Chor von tausend heulenden Geräuschen. Ich habe wieder einmal dieses höhnische

Gefühl, als ob alle Sinne verbogen und die Nerven umgedreht wären, wider ihren natürlichen Drang, den sie mit aller Gewalt durchsetzen wollen. Es ist etwas Drohendes und Knirschendes von kettenbrechenden Sklaven in der Seele. Eine jämmerliche Schwäche, die keinen Laut verträgt, und eine wilde Gier zugleich nach kühnem, steilem, unerhörtem Erlebnis. Ich könnte nicht einmal in den Salon hinab — jedes fremde Gesicht ist mir Folter; aber ich möchte zornige Völker schwertklirrend um mich versammeln und zu vermessenen, mörderischen Wagnissen empören und mit Krieg über die ganze Erde ziehen. Meine Nerven sind wie ein Weib, das Liebe niedergeworfen hat: nun liegt es da und krümmt sich in Wehen und ist ganz schwach; aber es wird einen starken Helden gebären.

Ich habe Sehnsucht nach Purpur und Fanfaren und heiße Tänze müßten sie dazwischen trommeln. Das würde die Ohnmacht verjagen und den kleinen Jammer. Das Gemeine darf mich nicht verschlingen; sondern es müßte ein stolzer, herrlicher Schwung sein, über die blasse Welt hinweg, nach der hellen, grünen Wolke, wo die junge Sonne schläft. Da könnte ich meine Posaune blasen. Nach meiner Posaune ist meine Sehnsucht.

Aber dann wieder, aus den jähen Flügen jämmerlich herab, die tiefen Fälle in den Schlund des täglichen Lebens. Wieder das Menschliche ringsum und die ewige Mahnung, daß dem verstauchten Engel der

Schwung verwehrt ist. Und es ist aus Ocker und Blei eine tückische Teufelsfreude gemischt. —

Ein touristischer Kater, nach allen Regeln der Kunst. Was ist aus dem rüstigen Vorsatze geworden! Wohin sind die vollen Hoffnungen? Warum verstummt das beredte Versprechen? Die winkende Fülle ist zerschwirrt und der verlassene Adler meiner Begierde hat keine Nahrung. — Die Erwartungen waren reich und stolz. Es ist nichts daraus geworden. Ich habe allen Glauben verloren. Ich klage diese Welt nicht an: sie ist freigebig mit neuen Ereignissen. Die Schuld muß an mir selbst sein.

Irgend etwas ist an mir geschehen. Das muß ich erforschen. Ich bin mit strengen Absichten und löblichen Vorsätzen gekommen: eine russische Seele wollte ich mir erwerben. Ich wollte diesem Volke sein Verhältnis zur Welt entnehmen, um mir seine Genüsse anzueignen. Ich wollte seine Augen, seine Ohren, alle seine Sinne erwerben und dann alles Gefühl, welches sie eingeben, und allen Geist, welchen sie ausstrahlen. Wie es die Farben sieht und wie es die Töne hört und mit welchen Begierden es darauf antwortet und in welche Entschlüsse es sie zwängt und was aus dem Hin und Her des lange unentschiedenen Haders am Ende für ein Rest in seine tägliche Lebensweise dringt — das Alles wollte ich in diesem Lande von diesem Volke erwerben. Ich wollte mir einen neuen Menschen erwerben, mit dem ich von Neuem leben könnte, wenn die anderen mir ermüdeten oder mich verdrössen. Ich wollte neue Organe, durch welche der alte Genuß anders und mit welchen ein neuer möglich würde. Ich wollte eine neue Provinz für meine Seele, wo sich eine andere Cultur ansiedeln könnte. Dahin zöge ich mich auf Sommerfrische zurück und wenn ich wiederkehrte, dann würde mir die große Stadt erst wieder gefallen; oder ich könnte auch unablässig wandern und empfänge überall immer in lauten Ehren an köstlichen Schätzen ein festliches Gepränge, gepriesener Despot meiner länderreichen Seele!

Und es ist dieses Mal gar nichts geworden. Ich habe Alles verfehlt. Das liegt feindselig draußen und rührt sich nicht und redet kein Zeichen zu mir und es ist in meinem Gefühle keine Antwort und es geschieht nichts mehr darin. Ich habe meine nervöse Erfahrung nicht bereichert; ich habe meine nervöse Kunst nicht bereichert. Ich habe keine neuen Genüsse gewonnen, mit denen ich spielen könnte, und ich habe kein neues Spiel gewonnen, wie man genießen kann. Es ist mir nichts Russisches an die Seele gewachsen — keine leise, winzige Sensation; sondern ich werde diese Angst nicht los, daß ich blos auch noch das Europäische verliere. Der nervöse Akrobat ist weg.

Ich rufe ihn. Er antwortet nicht. Ich versuche seine Künste; aber, siehe da! er hat sie mit sich fortgetragen. Ich entschließe mich, den Franzosen anzunehmen — den Spanier — den Buddhisten — Einen um den Anderen, der Reihe nach. Aber Keiner hört, Keiner folgt. Alle sind fort, ohne Spur. Es ist eine ausgestorbene Oede um mich. Nur etwas ganz Simples, Demütiges und Geringes haben sie zurückgelassen, ein kleines, stilles, lichtes Gefühl. Das sitzt da einsam am Boden wie ein nacktes Kind, das spielt, und staunt die großen grauen Augen weit hinaus und ist sehr vergnügt und lacht helle der Sonne entgegen und strampelt tänzerisch die weichen Füßchen.

Das verdrießt mich eigentlich am meisten, daß ich dabei eigentlich gar nicht verdrossen bin. Ich bin gar nicht böse, daß sie mir entliefen. Ich vermisse sie gar nicht. Ein großer Dank lebt in der Seele. Den kann ich mir nicht deuten.

Ich habe, wenn ich mich besinne und das wunderliche Erlebnis überlege, manchmal ein Gefühl wie vor einer schweren, kriegerischen Gefahr; aber es würde, wenn ich mir nur den geduldigen Trotz nicht nehmen ließe, am Ende ein blütenheller, beuteschwerer Sieg daraus. Ich fühle eine köstliche Zukunft im Hintergrunde. Es ist, als hätte ich erst alle verlieren müssen, um mich selber zu finden — einen großen, neuen und geheimen, der lange in sicheren Keimen verbreitet war, aber sich in verschwiegenen Stolz verbarg.

Es gibt keine Worte dafür. Die Sprache langt nicht. Das ist ebenso, wie wenn ich von dem kleinen Fräulein sagen will, was mir sie so lieb und was mich ihr so gut macht. Man muß ruhig warten. Vielleicht wird Alles einmal deutlich, später einmal.

— — — — — — — — — — — — — — —

Ich erforsche gründlich mein Gewissen, erwecke Reu' und Leid und sammle gute Vorsätze. Ich stelle mir meine Versäumnisse eindringlich vor, in großen, schrecklichen Bildern. Ich beweise mir, daß es anders werden muß. Ob es etwas helfen wird? Aber wenigstens ist mein Gefühl beruhigt und die Anklage muß gemildert werden.

Bin ich nach Petersburg gegangen, um zwischen nachdenklichen Schnäpsen über den Grundfragen der Kunst zu sinnen? Bin ich nach Petersburg gegangen, um mit dem kleinen Fräulein in der Ecke dem summenden Samovar zu horchen, welche leisen, zutraulichen Märchen er verkündet? Bin ich nach Petersburg gegangen, um einen behäbigen Spießbürger in mir zu züchten, an dem jede lebemännische Spur und die ganze Bildung der schönen Sünde verwischt ist?

Es ist eine unvertilgbare Schmach. Aber ich will sie sühnen. Ich will mich dem Baedeker ergeben, bis das ganze Land meinem Verstande vertraut und in meinem Gefühle lebendig geworden ist. — — —

Zuerst habe ich die Marholm noch einmal vorgenommen, über die russische Frau; vielleicht fände ich einen Einwand und könnte durch eine besondere Entdeckung meine Ueberlegenheit beweisen. Sie sagt:

„Die russischen Frauen zerfallen für den, der sie kennt und doch hinreichend Distanz von ihnen hat, um sie nicht detaillirt zu kennen, in zwei Typen. Den einen bilden die feurigen oder schmachtenden, üppigen, lässigen, lockenden Weiber, mit heißen schwarzen oder spielenden grauen Augen, mit weichem Fleisch und einem weichen Mund, der gerne lacht und gerne ißt. Mit etwas unbestimmbar Anziehendem, Einnehmendem, Verführerischem, mit Bewegungen, als lägen sie immer auf weichen Pfühlen und als wären sie immer im Negligee, mit einer zwitschernden Plauderhaftigkeit, die ebenso geschwind in das reizendste Geschmeichel, wie in die häßlichste Wut übergehen kann — die allerweiblichsten Weiber, die man sich denken kann, von ebenso unberechenbarer Herzensgüte und Launenhaftigkeit, müßig und sinnlich, verliebt und zum Verlieben. Die Andern sind dazu der denkbar größte Gegensatz. Sie sind ehrlich und geradezu, verständig und klar, mutig und energisch, stark gebaut an Seele und Leib, denkende Köpfe, flache Gestalten.“

Das ist eine richtige und sichere Zeichnung. Das Katzenhafte der russischen Frau, mit den weichen, müden und verwischten Formen, an denen keine Linie deutlich und bestimmt ist, und den langsamen, leisen, buhlerisch schleichenden Gesten ist darin empfindlich ausgedrückt. Nur das will ich nimmermehr glauben, daß sie gerne lacht. Ich habe keine Lachende gefunden. Die liebliche Heiterkeit der erwachenden Wollust ist ihnen fremd und fremd ist ihnen die milde Freude der dankbaren Befriedigung; sondern wenn sie bacchantisch werden und die Begierden ihnen übergehen, dann pfeifen sie kurze, jähe, schrille, spitzige und zerhackte Schreie, wie gereizte Raben in heiserer Not — es mag wohl aus Lust und Wonne sein, aber die steifen Mienen verharren in bleichem, fürchterlichem Ernste. Sie thun in der letzten Ausschweifung, wenn sonst alle Scham abgelegt ist, eine feierliche Strenge nicht weg, wie in der wilden Messe eines finsteren Götzen. Den hellen Scherz und die frohe Ausgelassenheit der Liebe kennen sie nicht, sondern wild, düster und schakalisch ist ihre Umarmung und sie lacht nicht.

Sie sind gastlich, die Russinnen, und erleichtern dem Fremden ihr Studium auf alle Weise. Sie haben sonst keinen Zeitvertreib. Sie können sich gar nicht vorstellen, daß irgend Eine irgend einmal noch etwas Anderes begänne. Für alles Andere sind die Männer da. Sie lassen sich blos genießen — das ist ihr Leben.

Der Russe ist sehr auf die Weiber. Sie dürfen bei keinem Vergnügen fehlen. Ueberall werden sie Einem angeboten. Man macht nicht viel Umstände, sondern ihr Gebrauch ist selbstverständlich, wie von

Schnaps und Cigarren. Eine ehrliche Derbheit, die von unserer verlogenen Empfindsamkeit nichts weiß, ist Sitte.

Lustig ist's in den Bädern. Da gehören sie zur unentbehrlichen Einrichtung. Es amüsirte uns sehr. Es ist schon einige Tage her. Wir waren in der Stadt herumgelaufen und müde und heiß. Der Schmutz der Wanderung brannte uns in den Poren. Man wies uns in ein vornehmes Bad. Da ist eine allgemeine Abteilung, um etliche Kopeken, für die Menge, die sich nur eilig abwaschen und ein Bischen dunsten will. Aber man riet uns, eine „Nummer" für drei Rubel zu nehmen, eine besondere Kabine. Wir wurden von einem prächtigen und würdevollen Diener empfangen und geleitet, der in ein reiches, faltiges Gewand gekleidet war, mit blanken Kappenstiefeln, weiten Pluderhosen und einem bauschigen Rocke, den ein blitzender Gürtel schloß, mit bunten Steinen köstlich verziert. Er war wie ein Patriarch zu sehen, alt, stattlich und strenge: die breiten Schultern waren in lange Locken geflochten und das schwere Silber seines Bartes wallte ihm tief auf die Brust. Er hatte etwas Bischöfliches, das Ehrfurcht gebot, und seine Gesten, während er durch den langen, hallenden Gang wandelte, waren still, langsam und groß. Er wies uns in unsere Zelle: ein Vorzimmer, ein dunkles, wollüstiges Gemach mit üppigen Teppichen und verdächtigen Chaises longues, eine bedenkliche Toilette und ganz zuletzt nebenan eine winzige Badestube, öde, verlassen, in Staub und Spinngewebe.

Der kardinale Diener führte uns herum und zeigte uns Alles und lächelte sanft. Er hatte eine milde, gütige und verzeihende Miene und in seiner leisen, zutraulichen Rede war ein gerechtes Mitleid, den härtesten Sünder zu rühren. Er führte uns herum und zeigte uns Alles und ermunterte uns, unsere Wünsche zu bekennen. Wir baten um Seife und Wäsche. Er brachte Alles und blickte wieder so sanft und gütig und redete wieder so milde und weich. Er hatte in der Stimme die blasse Wemuth der großen Weisen, welche die Menschen lange kennen und sich nicht mehr erzürnen. Dann wollten wir ihn entlassen. Aber da erbarmte er sich unser und immer mit dem gleichen, stillen, guten und reinen Blick und immer mit der gleichen, weichen und tröstlichen Stimme, wie wenn ein Beichtiger fromme Ermahnungen spendet, fragte er uns vertraulich, ob wir ein braunes Mädchen wollten oder ein blondes, eine Schlanke oder eine Volle, in welchem Alter und für welchen Preis. Und seine Gesten, während er uns seinen Vorrat in umständlichen Ausführungen beschrieb, waren still, langsam und groß. —

— — — — — — — — — — — — — — —

Dann habe ich den Plan hergenommen, um endlich die Versäumnisse nachzuholen und mich gründlich zu unterrichten, wie die Stadt eigentlich erbaut und in welche Bezirke sie geteilt ist. Ich kenne Vieles in ihr;

stundenlang bin ich schon gewandert, nach allen Richtungen; aber es wurden immer nur einzelne lose Bilder daraus. Jetzt muß ich mir die Zusammenhänge verschaffen.

Das Wasser scheidet die Quartiere. Die große Newa, die kleine Newa, die Newka, die kleine Newka, die Moika, der Katharinenkanal, die Fontanka, der neue Graben — in diesem Netz von Flüssen und Kanälen liegt die Stadt. Es sind dreizehn Quartiere. Zwischen der großen Newa, die in festem Eise starrt, mit flinkem Schlittengewimmel darüber, und der Moika — diese Heimstätte der Vornehmen und Reichen, welche Paris äffen möchte, heißt der Admiralitätsteil, nach der Admiralität, welche der große Peter gestiftet hat — ein leichtes, frohes und liebenswürdiges Schloß, welches sich tänzerisch in den schlanken Hüften wiegt und oben die goldverbrämte Nadel schwingt eine schimmernde Krone. Dahinter, zwischen der Moika und dem Katharinenkanal, der Kasan'sche Teil und dann bis zur Fontanka der Sspaß'sche Teil; hier tummelt sich alles Gewerbe. Im Westen dieser drei der Kolomna-Teil, südlich davon der Narwa'sche Teil. Zwischen der Fontanka und dem neuen Graben der Moskau'sche Teil. Im Osten der Admiralität, vom Newski nordwärts der Liteiny-Teil. An der großen Newa draußen, wo die Enterbten verkümmern, der Roshdestwenskaia-Teil. Dann Wassily-Ostrow, das gelehrte Viertel, mit den vielen Bildungsanstalten,

Akademien und Schulen, wo die Deutschen meist wohnen. Der Petersburger Teil zwischen der kleinen Newa und der Newka und der Wyborg'sche Teil und der Ochta'sche Teil, am Rande der Stadt, wo sie schon das flache Land streift.

Diese Bezirke decken zusammen über zwei Quadratmeilen. Ihre Straßen sind kerzengerade; Winkel kommen nicht vor. Die Boulevards heißen Prospekte, die Avenuen Ulizen; 64 große Plätze hat die Stadt. 929500 Menschen wohnen hier.

Jetzt habe ich aber für meine Bildung wirklich genug gethan, wenigstens auf ein halbes Jahr. — —

— — — — — — — — — — — — — — —

Ich bin fort. In die junge Sonne hinaus; die sprühte über die helle Stadt einen goldigen Regen und in Flammen war alles fahle Gestein gebadet. Ich bin nach der Isaakskirche.

Die gilt vor allem Anderen für das gewaltigste und reichste Wunder der Stadt. Ueber dreiundzwanzig Millionen Rubel hat sie gekostet — das repetiren Einem die Russen unablässig alle Tage: denn alle Werte werden hier an den Preisen gemessen.

Nirgends ward Pracht und Glanz in solcher Märchenfülle je verschwendet; es ist eine unerhörte Größe, Macht und Schönheit ohne Gleichen. Die roten Riesen-Monolithe der Portiken, die wuchtigen Broncen in den Giebeln, die üppige Sculptur der ungeheuren Thür; darüber ragt, in einer Garde von vierundzwanzig granitnen Säulen die große Kuppel, von der aus die Laterne, die wieder von vierundzwanzig Säulen kriegerisch umschart ist, das schwere Kreuz in den Himmel streckt — und drinnen dann der Ikonostas, die steile Bilderwand zwischen den Sanktuarium, in das die Frauen nicht dürfen, und dem Schiffe, ein zauberischer Wucher der feinsten Mosaike, zwischen goldverbrämten, breiten Säulen aus Malachit und Lapislazuli, und das Tabernakel und die schweren Leuchterkronen und, von seltenen Steinen strotzend, die bunte Feuer weit versenden, in Gold und Silber dichtverhüllte Heiligenbilder ohne Zahl — es ist ein unsägliches, unfaßliches Getümmel von Größe, Glanz und Glück!

Den 2. April.

Das Wunder wächst — aber es ist ein frohes, gutes und heilsames Wunder! In köstlichen Gesängen möchte ich es preisen; auf den großen Markt möchte ich hinaus, seine verschwenderische Huld vor allem Volke zu verkünden. Die reinen Triebe frohlocken und sängerisch ist's mir in der Seele und als jauchzte mir eine rastlose Nachtigall im Busen.

Es ist eine unvermutete Freude über mich gekommen. Mächtige, schwere, breite Gewänder winken überall vor dem seligen Blicke und ich höre tiefe, große Orgeln. Ich habe es nicht verdient.

Vielleicht ist das Erlebnis gering; aber eine unermeßliche Fülle von Glück hat es mir geschenkt. Ich will es ihm nimmermehr vergessen und will das dankende Gebet stündlich erneuern, ohne Maß und ohne Rast, und will es unermüdlich rühmen. Das Fest soll nimmermehr schweigen.

Das Erlebnis ist wirklich gering. Mein Gefühl hat ihm diese Größe und Kraft gegeben. Es ist mein eigenes Verdienst. Ich habe es mit meiner verschwiegenen Fülle genährt. Daran ist es zu solcher Herrlichkeit erwachsen.

Das Erlebnis selbst ist durchaus Nebensache. Viel Enthusiasmus war in mir lange aufgestapelt und gehäuft. Er suchte nur, wohin er sich ausschütten und ergießen könnte. Er brauchte blos ein Zeichen von draußen. Es hätte eine Rose sein können.

Es war wie eine Rose! So lind und süß ist es mir über die Sinne gestrichen. Es war klein und gering, aber eine unvergeßliche Wonne hing aus seinem stillen, gütigen Kelche — — — — — — — — —
Soll ich es erzählen? Das Erlebnis ist nichts wert und bedeutet wenig. Die Fülle von Erwiderungen aus der überströmenden Seele müßte ich erzählen, mit denen ich es erlebte. Davon müßte ich Zeichen und Keime darreichen, an denen Freunde es in sich erwecken könnten. Davon müßte ich ansteckende Gleichnisse geben.

Es hat keinen Sinn, das Erlebnis zu erzählen. Jedes andere konnte es ebenso sein. Meinen Enthusiasmus müßte ich dankbar loben und, wenn es ginge, deutliche Tafeln aus ihm schneiden, zum ewigen Gedächtnis. Aber die Zunge müßte mit Flammen gerüstet sein und große Gewalten müßte sie vermögen, über ihn Herr zu werden und seine breite Wildheit in das enge Joch der Sprache zu bändigen. Ich finde die Symbole seiner übermenschlichen Maße nicht.

Ich möchte es malen und möchte es singen und aller Marmor müßte mir helfen. Alle Künste möchte ich versammeln und zu fruchtbaren Vereinen gesellen, bis sie von einer neuen, unerhörten trächtig würden. Dieser könnte es gelingen. Aber die Splitter taugen nicht. Es würde nur ein wirres, vergeudetes Stammeln.

Ich will doch das schlichte Erlebnis erzählen, in schlichten Worten. Lächerlich mag es scheinen. Aber mir bleibt es eine gütige, fröhliche Erinnerung. Diese will ich bewahren. Sie soll für die großen Feiertage da sein, als Kranz und Festschmuck meiner Seele.

Ich will es ganz still und gelassen erzählen. Still und gelassen geschah es.

Es wird einfältig klingen.

Ich traf, wie ich in die Eremitage wollte, das kleine Fräulein. Wir plauderten ein wenig. Es war ein dichtes, milchiges Licht um uns, als ob die fahle Wintersonne uns freundlich in helle Nebel verhüllen und aus der Welt entführen wollte; und ringsum war ein köstliches Schweigen. Darin standen wir lange. Um das liebe Geschöpf schmiegte sich die weiße Luft und es wurden davon schimmernde Scheine, wie um eine kleine Heilige. So sprachen wir Manches. So, dachte ich, mögen die trojanischen Helden gesprochen haben, wenn ihre kluge und besorgte Schutzgöttin aus der Wolke kam, um ihnen zu raten und zu helfen.

Dann wanderten wir. Wir wanderten unter der bleichen, weißen, leisen Sonne. Kein Mensch wagte, uns mit einem scheuen Worte zu streifen.

So wanderten wir lange. Wir wanderten ganz allein. Die Welt entflatterte und versank. Ich sah nur sie. Ich sah nur ihre helle, schlanke, rasche Gestalt und es schien, alles Licht käme von ihr.

Sie hatte gerade frei. Sie wollte die Stadt ansehen. Sie kannte die Eremitage noch nicht. Ich bat sie, mich dahin zu begleiten. Ich vergaß, daß es gegen meinen Vorsatz war. Ich war sehr froh, daß sie einwilligte. Ich ahnte das Glück.

O, es ist gar nichts geschehen, gar nichts Besonderes. Wir sind blos durch die Säle gegangen; ganz langsam und gelassen an den Bildern vorüber, die sich in diesen acht Tagen mit mir befreundet haben. Die wollte ich ihr zeigen. Sie hat nicht viel gesagt, kaum ab und zu einmal einen nichtigen Ausruf. Es redeten blos ihre Augen und manchmal half sie mit einer kleinen Geste ihrer blassen Finger nach. So erlebte ich jedes Bild viel köstlicher und reicher, weil ich es jetzt in ihrer Seele erlebte: wie es da langsam eindrang und sich niederließ und sich mit ihren vielen guten und reinen Gefühlen vermählte, bis am Ende ein ganz neues, aber noch viel lieblicheres daraus wurde — das hat eine unsägliche Gnade über mich gebracht.

Ich brauche mich nicht zu schämen: es ist ein neues Raffinement. Ich habe mir ein neues Verfahren des künstlerischen Genusses entdeckt. Ich genieße nicht das Werk, was es an Größe und Güte enthält; ich genieße nicht den Künstler, wie seine Absicht die Hindernisse bezwingt und ihre Mittel gewinnt; ich genieße nicht die schöpferische Stimmung, die seligen Wonnen der Empfängnis. Ich genieße eine vornehme, tiefe und zauberische Natur, die sonst kaum leise Zeichen schüchtern hervorstreckt, aber durch die Kraft der großen Kunst aus allen Hüllen herausgetrieben wird. Da fasse ich ihre Herrlichkeit und kann sie halten. — — — — — — — — — — — — —
— — — — — — — — — — — — — — — —

Ich sinne. Ich möchte es gerne beschreiben. Oder wenigstens in halben Worten, wenn sie auch versagen, doch eine heimliche Ahnung versuchen — aber es ist nicht möglich. Sie redete wenig und ich horchte blos durstig. Wenn sie an ein neues Bild kam, dann beugte sie sich erst ein Bischen vor und tastete mit suchenden Blicken daran herauf und hinab; aber dann zitterte ein huschendes Geheimnis plötzlich über ihren geschmeidigen Leib und es wuchs und schwoll und drängte sich in ihr, die Augen entloderten, aber sie schienen jetzt einwärts, auf das andere Bild zu schauen, das ihre freigebige Seele einstweilen aus sich bereitet. Von allem diesen war kein sicheres, deutliches Zeichen, sondern sie sprühte und knisterte es blos in heißen, jähen Funken über mich.

Sagen kann man es nicht, aber es war hold. Alle Bilder wurden schöner. Sie bereicherte jeden Künstler aus sich. —

Ich war ein ungerechter Thor. Ich habe sie nicht verstanden. Die nervöse Feinheit, mit der wir so groß thun, ist auch in ihr; aber sie macht kein Wesen davon und hat andere Schätze, die ihr mehr gelten und die es wohl auch verdienen. Unsere sensitiven Akrobatenkünste vermöchte sie schon auch, es ist mir gar nicht bange; aber sie stehen ihr nicht dafür und wenn sie vielleicht einmal mit ihnen spielen mag, sie hat einen anderen, tieferen Ernst. Es ist hinter dem Nervösen eine gnadenreiche Kraft in ihr. Ich war heute mit dem Gefühle ganz nahe daran und vernahm ihre selige Botschaft; aber ich kann nichts deutliches von ihr wissen. Ich will an sie glauben. — — — — — — — — — — — — — — — — — —

Oder ich betrüge mich selbst und es ist blos mein Enthusiasmus, der ihr Reichtümer schenkt und sie verschwenderisch schmückt. Das kann sein, wie ich anfangs meinte, daß sie blos eine simple und ganz gemein gesunde Natur ist, und gerade das schlichte Behagen ihrer spießbürgerlichen Einfalt reizt meinen verhetzten

Geschmack, der sich ausrasten will; dann wäre ihr alle die künstlerische Feinheit etwa nur von meiner geschäftigen Phantasie eingegeben und sie hätte als die richtige Cabotine blos das nützliche und gefällige Talent, überall mitzuempfinden und alles anzuempfinden. Aber es könnte schon auch dieser letzte Verdacht nicht ohne Grund sein, daß sie eine Moderne von unserer Rasse und durchaus mit allen Talenten der nervösen Virtuosen ausgerüstet, aber darüber hinaus noch etwas Neues und Besonderes wäre und eine geheime Ueberlegenheit über uns besäße, durch welche das angesammelte Vermögen unserer Nervenkünste erst lebendig und zinsträchtig würde. Mir ist eine Stelle des Barres dunkel im Sinne. Ich kann nur ihren Ausdruck nicht finden. Aber er hat es auch einmal gefühlt. Er hat das Geheimnis auch gesucht. Wir suchen es Alle. Es ist mir jetzt erst deutlich, aber lange war schon immer eine bange Sehnsucht, die sich nicht beschwichtigen ließ; jetzt verstehe ich sie erst. Wonach kann ich nicht sagen. Nach Diesem, was sie hat — hinter den Künsten der Sinne und Nerven irgend ein seliges Geheimnis, das ihnen erst die rechte Weihe gebe. Aber was es ist, das finde ich nicht. Ich kann es nicht erforschen, ich kann es nicht fassen. Aber es wächst mir das rettende Gefühl, daß sie es mir, wenn ich nur recht demütig darum werbe, schenken wird. — — — — — — — —
— — — — — — — — — Wenn ich nur den häßlichen Argwohn vertreiben könnte! Aber der haftet

zähe und ich schüttele ihn nicht ab. Die höhnische Einrede will nicht verstummen, als betröge ich mich nur selbst mit meinem eigenen Philister, der die letzten Trümpfe schlägt. Es ist in Jedem ein gemeiner Rest der alten Lügen und wenn der kämpferische Held ermattet, dann zischeln feige Verführungen. Wir haben Alle einen starken Trieb in das Dumme, Dumpfe und Niedrige zurück: es war im Ueberwundenen früher viel schöner. Wir werden die Sehnsucht nach der alten Großmutterstimmung nicht los: am Kamine ist es warm und leise Märchen flattern durch's Dunkel und draußen raschelt das Christkind vorbei.

Und wenn es nichts als diese dumme Sehnsucht nach der Ofenbank wäre! Was kümmert's mich? Ich will doch nur genießen.

Den 3. April.

Ich brauchte kein solches Spektakel zu machen. Die Sache hat diese tragischen Accente gar nicht nötig. Es ist einfach eine neue Methode, sich zur Kunst zu verhalten. Die alten habe ich satt. Sie können mir nichts mehr bieten. Sie wirken auf meine Nerven nicht mehr. Ich suche eine besondere Würze, die meinen ermüdeten Geschmack noch reizen könnte. Ich bin ein Bischen blasirt gewesen. Da weiß man leicht jedem heftigen Pfeffer Dank, der noch nicht verkostet worden ist. Das ist es. Sonst gar nichts. Ich brauchte mich nicht gleich so umständlich zu begeistern; diese feierlichen Aufwallungen brauchte ich nicht.

Es ist ein neues Verfahren. Meine Seele ward alt und müde und widerständig. Da leihe ich mir eine junge, kräftige und empfängliche. Das ist recht hübsch. Aber den großprotzigen und schellennärrischen Lärm konnte ich mir sparen.

Und überhaupt — warum bin ich immer gleich so pathetisch? Ich denke manchmal lange darüber und finde keine Antwort. Ich weiß es nicht zu deuten. So oft ich durch meine alten Schriften schweife oder wenn ich in diesen Heften blättere, fällt es mir immer wieder auf und ich sinne lange. Warum bin ich so pathetisch?

Ich hasse das Pathos. Es ist die Krücke der Schwerfälligen und Lahmen im Geiste. Weil sie keine fröhlichen Sehnen und keinen mutigen Muskelschwung haben, müssen sie daran mühselig humpeln.

Aber ich hasse mein Pathos nicht. Ich möchte es nicht missen. Sondern wenn ich es knallen höre, dann wird mir gerne wie einem jungen Pferde stolz: ich schüttle mich und schnaube lüstern und meine Seele stampft von Wollust.

Aber es ist seltsam um mein Pathos. Dazwischen muß es immer gleich lachen. Den schweren Tritt der Anderen verschmäht es und lehnt sich an die abgeschnallte Stelze und schlägt Purzelbäume darüber. Es wälzt sich und strampelt und hat keine Art, wie eine verliebte Dirne. Schildkröten sind die anderen, aber mein Pathos ist eine lustige Eidechse: zwischen schlanken Gräsern raschelt es und schlüpft in jedes Erdloch, wenn's Einer haschen will.

Hinterlistig ist mein Pathos und hat viele Faxen und man weiß nicht, was man von ihm denken soll. Zu besonnenem Ernste läßt es sich nicht kriegen. Keinem will es Rede stehen, sondern entwischt gleich und verwandelt sich und niemals glaubt es an sich selbst.

Es ist ein ironisches Pathos. Es treibt verschmitzt die Strenge eines jeden Gefühles bis auf den letzten Gipfel. Da muß es die andere Seite hinunterstürzen und verliert sich.

— — — — — — — — — — — — — —

Ein schönes Thema für einen philosophischen Doctor: wie sceptisches Mißtrauen, wenn es an ein unleugbares Gefühl gerät, dieses mit neidischer Bosheit so lange aufwärts lockt, bis es sich in's Unfaßliche verirrt; dann braucht es nicht mehr zu glauben und kann wieder hämische Witze spotten und ist erleichtert.

Manchmal habe ich schon daran gedacht, ob es nicht auch ein Bischen an der Sprache liegt. Die Sprache ist alt und verbraucht und ihre Sätze für jedes Gefühl kennen wir lange, bevor wir das Gefühl selber noch kennen: wir haben ihre Gewohnheit und sie wirken auf uns nicht mehr. Wenn wir später ein solches Gefühl selber erfahren, dessen Formel uns lange vertraut ist, dann verlangen wir einen anderen Ausdruck, an dem eine neue und frische Empfindung sein soll. Darum müssen wir es erst verstärken und übertreiben, bis eine besondere und unerhörte Formel daraus wird, weil die erste und natürliche lange abgenützt und unwirksam ist. Wir erleben Alles zuerst in der Sprache, aus Erzählungen und Büchern; das kann dann natürlich für die Erlebnisse des wirklichen Lebens nicht langen.

Vielleicht ist mein Pathos auch Sehnsucht. Ich habe viel großen Enthusiasmus in mir, der sein Material nirgends findet. Da schwillt und eitert er von müßigen Säften in schwülstige Worte aus. — — —
— — — — — — — — — — — — —
— — — — — Die Angst ist mir in der Nacht durch den Verstand gekrochen, und heute den ganzen Tag. Immer, mit schrillem Glockensturm und unnachgiebigen Alarmen, immer diese nämliche wirbeltolle Angst, daß es am Ende blos ein Aufstand des Philisters in mir ist, der den feinen Adel meines erkünstelten Genußmenschen nicht länger ertragen und durch die wüste und gemeine Kraft seiner ausgefütterten Gesundheit niedermachen will. Es ist am Ende blos eine letzte Empörung des faulen Grundmenschen gegen die unverdaulichen Gewinnste meiner hochmütigen Cultur.

Aber wenn es vielleicht ein neuer Genuß wäre, den ich noch nicht ausgekostet habe! Warum soll ich nicht auch einmal den Philister erkennen, um auch aus ihm alle Freuden, die er enthalten mag, zu ziehen und zu prüfen? Ich bin lange berühmt als pfiffiger Wechsler der Standpunkte, die ich blos, so lange sie mir noch etwas Neues versprechen können, irgend ein plaisir inéprouvé, behalten mag und lüstern auslutschen, wie fetten, saftigen Spargel.

Man muß, um täglich Neues zu genießen, täglich von einer anderen Seite genießen, mit den besonderen Fühlhörnern aller Meinungen und Geschmacke; und wenn es eine Zeitlang mein närrischer Ehrgeiz war, mir andere Rassen zu verschaffen, und da das ausgeschöpfte Arische mir nichts mehr bieten konnte, mich einmal zum Versuchssemiten auszubilden, warum soll ich es mir nicht gefallen lassen, mich ein paar Tage als Probephilister zu üben? — — — — —
— — — — — — — — — — — — — — — —

Aber ein anderer Verdacht schlich sich leise vor. Man muß ihn anhören und seine schlimmen Klagen prüfen. Aber er ist ganz leichtfertig und ohne Grund. Ich weiß nicht, wie er mir in den Glauben geträufelt werden konnte. Aber auf einmal wühlte sein Gift in meiner Seele.

Ob Alles nicht am Ende blos eitel Flunkerei der Sinne ist und eine böse Begierde, die sich versteckt halten muß, weil ich durch wahrhafte Erlebnisse feindselig wider sie gerüstet bin, sich in solche Maskenschlauheit betrügerisch vermummt hat? Ist es eine tückische Feinheit der Liebe? Ist es nur immer die alte Hexe wieder, die sich durch neue Listen einschmuggeln möchte?

Ich habe mich ernstlich erforscht. Aber ich kann ganz ruhig sein. Ich habe den langen Fragebogen der Liebe umständlich durchgenommen und mich geprüft. Aber es ist keine Gefahr. Es fehlen alle Zeichen. Es ist kein Aufruhr in den Sinnen, nichts Wildes, Grausames und Blutrünstiges. Die Elemente der Liebe sind nicht da: die Verbitterung des Gemütes, die Verthierung des Gefühles, die Hilflosigkeit des Verstandes. Sondern ich bin rein und still und es ist mir heiter. Es kann keine Liebe im Leibe sein. Auch denke ich: ich habe sie überhaupt überwunden. Ich kenne ihren Schwindel zu genau, Phase für Phase, Trumpf um Trumpf. Die Male sind überall noch an meiner Seele, kaum notdürftig verharscht. Jetzt falle ich nicht sobald wieder herein.

Nein, das wäre lächerlich. Daran ist gar nicht zu denken. Davor bin ich sicher.

Den 4. April.

Aber es war ganz gut, daß ich mich erforschte. Es hat mich besänftigt. So lange mich Dieses verschont, bin ich ein froher Vogel und singe und tanze, unermüdlich den ganzen Tag, und kann jauchzen. Diese seltsame Stimmung, daß es mich treibt und nicht rasten lassen will, aber ohne Bitternis und vor Freude, das ist sicher nur die Freiheit von der Liebe. Ich will sie ausgiebig genießen.

Aber dem kleinen Fräulein bin ich es schuldig, daß ich mich rechtfertige. Das ist mir jetzt erst eingefallen. Ich habe noch gar nicht daran gedacht. Was soll sie von mir glauben? Sie wird sich einen schönen Begriff von mir machen! Wer weiß, mit welchen heimlichen Verläumdungen sie mich schon verdächtigt hat! Ich könnte es ihr nicht einmal verargen. Da gehört schon eine ganz verwickelte und raffinirte Psychologie dazu, die mich freisprechen soll.

Ich bin heute zu ihr und habe ihr Alles ehrlich bekannt. Ich habe ihr meine Verfassung geschildert, in der man das nicht mehr thut. Ich habe ihr ein Bischen von jenen Vergangenheiten erzählt — soweit man das eben gerade noch erzählen kann. Und wie ich also am Ende dazu gekommen bin, die Liebe zu hassen; wenn ich eine Gefahr merke, dann flüchte ich mit dem nächsten Courir; und ich muß schon ganz sicher vor einer sein, daß sie mir durchaus gleichgültig ist — sonst kann ich sie nicht gern haben. Und darum habe ich die Förmlichkeiten lieber von allem Anfange an gelassen, die sonst das Herkommen und die Sitte zwischen Mann und Frau gebieten, sobald sie nur das erste Mal eine Minute mit einander allein sind. Diese Rechenschaft war ich ihr schuldig. Sie hat ganz stille zugehört und ihre schwülen Augen verwunderten sich groß, als ob sie es nicht viel verstünde. Aber um den feinen Bogen der schmalen Lippen war es mir verräterisch, als wollte sich da eine heimliche Heiterkeit regen.

Wir sind dann in die Eremitage. Da habe ich es ihr wiederholt, vor der heiligen Catharina des Andrea del Sarto. Auf diesem Liebling habe ich ihr die spitzbübische Feierlichkeit der Frau gezeigt, auf die wir uns nicht einlassen können: die kindische Hyäne. Darum müssen wir entsagen. Aber ich glaube nicht, daß sie es begriffen hat. Ich senkte den Blick von ihrer Miene weg: sie war sehr ernsthaft, wie es sich gebührte, aber mir scheint, ich hätte lachen müssen. Ich weiß nicht warum.

Ueberhaupt, ich möchte immerfort lachen, wenn ich mit ihr bin. Das ist sonderbar. Ich kann es nicht deuten. Ich kann es nicht einmal richtig ausdrücken, wie es eigentlich ist. Ich möchte blos immerfort lachen, ganz heimlich und verstohlen, in mich hinein, durch alle Falten des Gemütes. Wir reden doch oft Würdiges und Strenges. Ich kenne lustigere Mädchen. Lauten Uebermut liebt sie nicht und ihre Scherze sind zahm. Aber ich möchte, was sie auch rede, wie ich ihr blos in die tiefe Güte des braunen Blickes schaue, ich möchte immer gleich lachen und hüpfen und springen. Alle Schwere sinkt mir vom Gedächtnis und maienleicht wird mir der Mut und sonnensüchtig glänzt die frohlockende Seele.

— — — — — — — — — — — — — — —

Vielleicht kommt mein Pathos blos aus der Hut vor dem Pathos. Ich bin sehr mißtrauisch gegen jeden widerspruchslosen Ernst, wenn die Vorsicht nicht ein neckisches Fragezeichen daran hängt. Ich kann das schlechtweg Affirmative nicht leiden, weil es den Dingen Gewalt anthut und das Recht der anderen Seite verkümmert. Ich möchte jede Wahrheit so ausdrücken, daß damit auch gleich die andere Wahrheit in ihr ausgedrückt wird, welche sie aufhebt. Darum muß ich sie über das Erhabene hinaus übertreiben; dann, sollte man meinen, kann es Jeder merken.

Mein Pathos ist verkappte Ironie. Es hockt ein loser Uebermut im Grunde meiner Seele: der nimmt keinen Ernst an und pfeift auf jeden Satz. Dieses Pfeifen über den Dingen und aus den Dingen heraus — das ist mein Pathos.

Und es kann auch Affaire der Verdauung sein. Warum muß ich auch immer gerade vom Diner weg an den Schreibtisch, nach diesen schweren sieben Gängen, unter den schwülen Gespinnsten der grünen Chartreuse?

Den 5. April.

Jetzt ist Alles klar und hell. Die Nebel sind weg. In vollem Tage leuchten die Dinge. Die Schönheit der Welt ist mir auferstanden. Ich verspotte mich und werde froh, das erste Mal.

Alberne Gecken, die wir gewesen sind! Mutwillig

haben wir es uns selber verdorben. Thörichte Begierden verlangten wir von der Welt und weil sie anderen, schöneren Segen gewährte, den verschmähten wir verächtlich. Wir trugen in uns eine große Sehnsucht nach der Schönheit und das Bild, das wir vom Menschen erwarben, konnte ihr nicht genügen. Aber die Sehnsucht war finster und leer und unfruchtbar. Da zertrümmerte sie das Bild des Menschen und erst wenn aus dem Menschen alles Menschliche gejätet wäre — anders meinten wir die Schönheit nimmer zu gewinnen, von welcher die Träume blos diese bangen Ahnungen wußten. So haben wir uns Alles zerstört und nichts haben wir geschaffen. Alle Wahrheit haben wir hochmütig verscheucht und jagen nach Hirngespinnsten und Seifenschaum.

Scheelsichtig und lasterhörig sind wir. Wir gewahren nur, wo die Schönheit fehlt. Dafür haben wir feine Sinne. Aber feiner wären sie, wenn sie sich gegen das Häßliche verblendeten und vertaubten. Feiner wären sie, wenn sie die Schönheit bejahten, wo sie wirklich ist.

Wir brauchen eine bejahende Feinheit der Sinne.

— — — — — — — — — — — — — — —

Es gibt eine Schönheit an den Leibern — Niemand weiß, worin sie ist, aber Jeder muß sie fühlen. Keiner kann ihre Zeichen sagen, worin sie besteht, aber Alle beugen sich vor ihr und verehren sie und es wird ihnen von ihr unsäglich gut. Niemand kann ihre

Reize nennen, aber Jeder sucht sie, das ganze Leben. Sie kommt nicht aus dem Leibe, sondern liegt darauf wie ein angeflogenes Geschenk. Da ist sie an einem kleinen, braunen und flinken Wuchs, dort an einem schweren, langsamen und hellen. Sie gleichen einander nicht, aber Beide haben die Schönheit. Aehnliche gibt es, Zug um Zug, Strich für Strich, wie genaue Abdrücke in Wachs; und siehe an ihnen fehlt die Schönheit. Es ist ein heiliges Rätsel auf der fertigen Bildung.

Man kann nicht sagen: zur Schönheit gehört Dieses und Jenes. Oft ist es da, aber die Schönheit bleibt ferne. Man kann nicht sagen: Dieses verträgt sich mit der Schönheit nicht; tausendmal ist es häßlich und widrig, aber plötzlich, wenn es der Schönheit gefällt, darüber zu kommen, dann fühlen wir es auf einmal als einen besonderen und köstlichen Reiz, den wir um keinen Preis missen möchten. Sie ist ein launisches Geheimnis: wo Alles sich vorbereitet, dahin will sie nicht kommen, aber wo man sie am Wenigsten vermutet, da hat sie sich gnädig eingestellt.

So ist auch die Schönheit an den Seelen. In feste Zeichen läßt sie sich nicht fassen; sie hat kein besonderes Mal. Kriegerisch und verwegen ist sie oft: zwischen Laster und böse Begierden mitten hinein drängt sie sich frech, wo ihr große Gefahr droht. Willkürlich ist sie immer: Niemand weiß, wen sie sich wählt. Spröde ist sie gegen den Werbenden; aber um den Spröden wirbt sie beharrlich. Es kann eine gemeine Seele sein, wie die anderen, mit schlimmen Tücken und Listen; aber die Schönheit verliebt sich in sie und verschüttet auf sie ihre Gnade. In Sünde und Wildnis vergibt sie sich gerne; da ist es ihr eine zwiefache Freude, ihre leuchtende Anmut aufzurichten. Nach Verdienst fragt ihr Adel niemals. Sein Rat ist unerforschlich; aber dem Trotzigen und Kühnen gehorcht er.

Die Schönheit hebt den Leib nicht auf. Er behält unter ihr seine unveränderte Natur. Er lebt unter ihr, wie alles Thierische lebt, nach den allgemeinen Gesetzen. Sie nimmt an ihm nichts weg und verwandelt ihn nicht; sondern sie fügt nur sich selber hinzu. Es ist ein Leib wie alle anderen; nur daß er die Schönheit hat.

So hebt die Schönheit die Seele nicht auf. Sie behält unter ihr das menschliche Wesen. Sie lebt dürftig und gemein, mit allen Makeln, die an der menschlichen Natur sind. Aber darüber ist irgendwoher ein holder, wunderthätiger Reiz, den alles klägliche Laster nicht vertilgt. Den hat die Schönheit gebracht.

Wir aber irren mit der „idealen Forderung" durch die Welt und jammern laut und verdammen. Wir haben uns ein hohles, blutloses Gespenst erkünstelt, aus dem alles Menschliche gewichen ist. Das suchen wir zornig unter den Lebendigen. Wir wollen eine ausgewurzelte und entsäftete Schönheit und wundern uns, daß sie verwelkt. Aber sie kann die tiefe Erde der Natur nicht entbehren und den üppigen Dünger des Lasters; und an Sümpfen keimt oft ihre reichste, köstlichste Blüte.

Das ist die ganze Kunst: das Menschliche, das unwandelbar am Großen und am Kleinen klebt, geduldig ertragen, aber den Sinn empfänglich und ein dankbares Gemüt behalten, wenn irgendwo darauf der göttliche Schimmer gesetzt ist. Das ist das Geheimnis des kleinen Fräuleins. Das Niedrige in der Natur, wo es erscheint, beirrt sie niemals; bei entrüsteten Klagen hält sie sich nicht auf, sondern sie sucht tapfer nach der Schönheit; der ergibt sie sich mit ganzer Liebe und vergißt in ihrer reinen Lust allen trüben Bodensatz der Menschheit.

Aber wir haben immer gerade das Gegenteil gethan. Wir spähen, wenn irgendwo Schönheit erscheint, mißtrauisch, was man ihr Uebles nachreden könnte. Und damit verhängen wir die Sonne und höhnen unseren guten Glauben und haben uns das Licht verlöscht. — — — — — — — — — — —
— — — — — — — — — — — — — — — — — — — —

Ich habe das Gefühl: man müßte es noch deutlicher sagen. Es sind viele Worte, aber es bleibt ein unausgedrückter Rest zurück. Ich will es einmal ganz gemein und banal aussprechen. Nehmen wir irgend einen Menschen: er hat die reinsten Töne in der Kehle,

aber jeden Abend ist er besoffen. Wir sehen nur die Besoffenheit in ihm. Wenn er die seligsten Lieder singt — wir müssen immer nur an seine Besoffenheit denken. Das kleine Fräulein wird nur seine innige Stimme hören. Wenn sie ihn nachts im Straßengraben schnarchen findet, das wird sie gar nicht bemerken, weil in ihrem lieben Gemüte gleich sein köstlicher Gesang erwacht. Sie ist blind und taub gegen das Häßliche. Dagegen sind ihr die Augen verbunden und die Ohren verstopft: nur das Schöne dringt in ihre Sinne, in ihr Gefühl. — — — — — — —
— — — — — — — — — — — — — — —

Mir ist dann eingefallen: vielleicht kommt der ganze Weiberhaß auch blos aus diesem falschen Verfahren.

Es ist immer blos unsere moralische Phantasie, die Alles verdirbt. Die mischt sich in Alles, mit dieser unnachgiebigen Forderung an die Welt, daß sie durchaus ihren Forderungen gehorche. Sonst schmäht sie sie gleich und verklagt sie grimmig.

Wir erfahren einmal an irgend einer Frau etwas Besonderes — eine erfreuliche Güte, die wir nicht vermuteten. Wir sollten sie dankbar genießen. Für schlimme Erfahrungen könnte sie uns entschädigen. Aber wir lassen das Gute nicht mehr aus und stylisiren daraus ein großes Bild. Weil sich dieses, das nur von der phantastischen Geometrie unserer Himmelssehnsucht construirt ist, nirgends im Wirklichen bewährt, darob erbosen wir gleich sehr und leugnen zornig sogar jene erste Güte und behandeln sie als einen geflissentlichen, tückischen Betrug.

Wir sind große Pedanten einer moralischen Harmonie, die nirgends als in unserer Begierde daheim ist. Wenn ein Charakter einen Ton angeschlagen hat, dann verlangen wir unerbittlich, daß er alle anderen auf ihn stimme. Aber die Natur ist wirr und liebt, die Widersprüche zu gesellen und wechselt ohne Rast.

In uns ist viel Schönes und viel Schönes ist draußen. Aber die auswärtige Schönheit verleitet die innere zu vermessenen Begierden. So vernichtet Eine die Andere und es wird der große Ekel, die tiefe Enttäuschung.

Und dazu kommt nun bei den Frauen noch, daß sie so complicirt confus fabricirt sind.

Den 6. April.

Wieder ein touristischer Tag — man kann mir nichts vorwerfen: ich wende alle Mühe auf, meine Pflicht nicht zu versäumen. Das Winterpalais, die Universität, die Börse, die Peter-Paulsfestung. Aber das ist wirklich Alles im Baedeker ganz genau verzeichnet — mehr als ich gesehen habe; nach einer besonderen Sensation horchte ich vergeblich. Ich könnte auch nichts anderes erzählen als blos die äußeren Merkmale — wie die Reisebücher. Also wozu?

Meine Seele ist einwärts gerichtet. Dahin lauscht sie; draußen rührt sie nichts. In sich selbst ahnt sie wunderbare Entdeckungen. Das Gefühl der Welt hat sie verloren. Aber sie muß dafür etwas Köstliches gewonnen haben. . . . . .

Ich habe heute meine Notizen über die Duse gesammelt. Sie geben jetzt ein reines und sicheres Bild. Ich will versuchen, ob ich es nachzeichnen kann.

Eleonora Duse.*)

Man hat nirgends eine vortrefflichere Gelegenheit, das europäische Theater zu studiren, als in Petersburg. In den Fasten, wenn die russischen Bühnen schweigen müssen, schicken alle Nationen ihre Meister dahin. Es sind jetzt neben der ständigen französischen zwei deutsche Gesellschaften dort gewesen, eine polnische, eine finnische, eine englische und die italienische der Duse.

Die Duse gilt den Italienern heute für ihre größte Tragödin. Ihr Ruhm ist Allen geläufig. Keine Andere darf man mit ihr vergleichen. Sie nennen sie ihre Sarah Bernhardt, weil sie die gleichen Rollen spielt; aber sie schätzen sie weit mehr: denn, sagen sie, sie hat Jugend und Schönheit und ihre ursprüngliche Leidenschaft ist echter, tiefer und größer.

Wenn man das oft gehört oder gelesen hat, dann ist man vor ihrem ersten Bilde oder bei ihrer ersten Begegnung bitter enttäuscht. Sie ist klein, ein bischen plump und ihren schweren, trägen Geberden fehlt die Anmut. Ihre Augen sind groß und schön, aber weh-

*) Frankfurter Zeitung vom 9. Mai 1891.

mütig und verzagt: sie haben eine flehentliche Demut; kräftige Leidenschaft kann in ihnen nicht vermutet werden. Die Nase ist klein und stumpf, wie von einem verwunderten Pierrot. Die Wangen hängen schlaff herab, ohne einen persönlichen Zug. Die Miene ist verwischt und unentschieden, als ob viele Thränen jede Besonderheit hinweggespült hätten. Nur um diesen süßen, wunden Mund ist in seltsamen Strichen ein unsäglicher Gram verbreitet, der von stürmischen Begierden, von mutigen Hoffnungen und schmerzlichem Erlebnis erzählt — Mounet-Sully hat solche Lippen und an der Jenny Cooper, dem Turiner Preise, sind sie wieder. Es ist immerhin ein Gesicht, bei dem man verweilen muß; aber schön darf man es nicht nennen und mit dem suggestiven Profil der Bernhardt, welches wie ein arabisches Märchen ist, kann man es nicht messen.

Man muß die Duse erst auf der Bühne sehen. Da ist sie schön. Sie ist da auch häßlich — sie ist groß und sie ist klein, sie ist jung und sie ist alt, sie ist plump wie eine lombardische Bäuerin und sie ist nervös wie eine Pariser Cocotte — sie ist, was ihre Rolle jedesmal ist. Das macht ihren unvergleichlichen Zauber. Solche Gewalt über jeden Muskel, über alle Nerven, über den ganzen Leib, daß Alles unbedingt gehorcht und jede Verwandlung willig verrichtet, hat kein anderer Künstler jemals besessen. Darum spielt sie ganz anders, als alle Anderen, und ist ganz einzig. Bei den Anderen ist die eigene Natur immer das Erste: der Dichter gibt blos den Stoff, in welchem sie sich zeigen, an welchem sie sich offenbaren kann. Bei ihr ist es umgekehrt: sie kriecht in den Dichter hinein, verschwindet in ihm und was am Ende aus ihm wieder herauskommt, ist seine Natur und sein Geschöpf.

Das charakterisirt diese seltsame Künstlerin vor allem Anderen. Das ist das Wunderbare und Unvergleichliche an ihr. Ein ähnliches Verwandlungsgenie kennt die Bühne nicht. Ihre Miene wechselt bei der leisesten Nuance; die letzten Feinheiten psychologischer Entwickelung drückt sie mit dem bloßen Auge aus, vollkommen deutlich, ohne Rest; sie charakterisirt mit der Büste, mit dem Gang, mit den Fingern — nur die Réjane hat eine ähnliche Beredtsamkeit der Hände. So ist ihr ganzer Leib ein wahres Arsenal von künstlerischen Instrumenten, in welchem die letzte, heimlichste und sonderbarste Nuance selbst sich ausrüsten kann. Es gibt nichts Menschliches, das sich hier nicht fände, in allen Verschiedenheiten und Graden; es wartet blos auf den Befehl des Dichters: auf diesen erscheint es, entfernt das Entbehrliche, fügt sich zusammen, nimmt seine notwendige Gestalt und erwächst nach den Gesetzen seiner Elemente. In den anderen ist immer umgekehrt eine bestimmte Natur mit ihrem besonderen Charakter von vornherein an der Herrschaft, welchem nachher die Schöpfung des Dichters jeweilig angepaßt wird: sie ist Bereitwilligkeit und Erwartung, ein kräftiger, aber ungestalter Stoff, der immer vom Dichter erst geformt und mit seinem Leben beseelt wird.

Das frappirt Jeden am meisten, weil er dergleichen niemals erlebt hat, und jede neue Rolle ist darum an ihr ein neues, unglaubliches Geheimnis. Sie hat jedesmal eine andere Stimme; sie geht jedesmal ganz anders; sie trägt jede besondere Toilette auf eine besondere Art. Ich habe sie das erste Mal in „Fernande" gesehen. Da war sie am meisten Sarah Bernhardt: es war eine wilde, durchrüttelte und verstürmte Leidenschaft in jeder Geste, der müde Trotz einer unersättlichen Begierde; Wollust war in jeder Nuance, in der matten, milden Rede, in der erschöpften Geneigtheit des zuhörenden Köpfchens, in dem feuchten, irren und verwachten Blick — die Wollust eines tiefen, seligen, aber unnachgiebigen Gefühls. Man konnte sie schön nennen, aber von einer zermarterten, erkrankten und baudelairischen Schönheit, die am Kreuze der Leidenschaft geblutet hat. Als Cleopatra ist sie eine ganz andere Wollust, eine wilde und bestialische Wollust in asiatischem Stile: einem von jenen schauerlichen und beklemmenden Ungeheuern des Moreau vergleichbar, wie ein brünstiges Raubthier — unheimlich und gemein in ihren buhlerischen Gesten, noch zu keiner menschlich besonnenen Bewegung erwacht, sondern zwischen dumpfem Brüten und thierischer Wut. Als Francillon wieder ist sie ganz Anmut, Liebreiz und launische Grazie: sie macht dann ein so liebes, süßes und küssiges

Gesichtel, aus koketter Unschuld und perverser Naivetät wundersam gemischt, wie jene köstliche Vertu chancelante des Greuze. Und sie spielt die Cameliendame, die Julia und die Nora!

Wenn man sich davon ein bischen erholt hat und von dem unverwindlichen Erstaunen zurückgekommen ist, dann gewahrt man an ihrer Spielweise noch manchen besonderen Reiz, der nachdenklich macht. Es ist eine realistische Spielweise — wenn denn schon einmal nach Schlagworten klassifizirt werden soll. Sie deklamirt niemals, sie hat keine Posen, sie verschmäht alle Mätzchen. Von allen möglichen Ausdrücken nimmt sie sicher jedesmal den nächsten, den einfachsten und natürlichsten und sie weiß ihm eine solche nachdrückliche und eindringliche Notwendigkeit zu geben, daß er ganz selbstverständlich wird, als ob Ueberlegung und Wahl gar nicht zulässig wären.

An das Publikum denkt sie gar nicht, jener kommentatorische Trieb der deutschen Schauspieler, der nicht die Rolle, sondern eine umständliche und tiefsinnige Erläuterung der Rolle geben will, damit nur ja gewiß ein Jeder seine belesene und nachdenkliche Gelehrsamkeit bewundere, ist ihr fremd: ich glaube, sie würde das überhaupt gar nicht begreifen — sie ist durchaus naiv. Was man bei Deutschen fast immer fragt, das fragt man bei ihr niemals; was hat sie sich dabei gedacht, was will sie mit dieser Nuance? Man sagt bei ihr auch niemals: wie wunderbar ist das gemacht! sondern das kommt Alles so, wie es eben sein muß und es fällt Einem gar nicht ein, ob es vielleicht auch anders sein könnte: es ist Alles notwendiges Ereignis der Natur und wie ein Schicksal nehmen wir es auf. Sie ist darum auch immer ganz gleich: sie hat keine besonderen Tage und keine besonderen Scenen. Was bei uns von Vielen für das eigentliche Merkmal des schauspielerischen Genies gehalten wird, einmal wie ein Gott und einmal wie ein Schwein zu spielen, ist ihr völlig unbekannt; sie hat keine Stimmungen und Launen, sondern gleichmäßig verrichtet sie ihre Kunst Tag für Tag, in jedem Wort und jeder Geberde unabänderlich jedesmal dieselbe, weil sie sie nicht macht, sondern sie ihr ein- für allemal geworden sind. Sie weiß auch nichts davon, daß man das Eine fallen läßt, das Andere unterstreicht; in ihrem Spiel fehlt die gewisse „große Scene“ — sie ist in allen groß, von Anfang bis zu Ende. Sie versteht ebenso gut zuzuhören, wie zu sprechen. Sie läßt den Partner willig vor, wenn ihn der Dichter vorschiebt, und tritt ganz bescheiden zurück, nach den Weisungen des Dichters. Niemand unterstützt die Anderen gehorsamer und spielt sich hilfreicher in sie hinein, um das ihre wirksam herauszubringen; sie denkt niemals an sich, sie ist niemals für sich allein, sondern sie spielt das Ganze, aus dem Ganzen und für das Ganze. Es ist vollkommener Realismus.

Man muß aber mit diesem Wort ein bischen vorsichtig sein. Es könnte sonst leicht zu falschen Vorstellungen verführen. Wir haben auch realistische Schauspieler, aber das ist meist ein ganz anderer Realismus. Ich möchte ihn den photographischen Realismus nennen; denn, was er verrichtet, ist Photographie. Er will die Wahrheit, er will die Wirklichkeit, aber er kennt keine andere als die gegebene Wirklichkeit irgend eines Moments. Diese aufzufassen, festzuhalten und wiederzugeben, mit der äußersten Redlichkeit und Treue, ist seine einzige Absicht. Er hat keine Ahnung, daß dieselbe Wahrheit alle Tage anders aussieht, unablässig sich verwandelt und rastlos sich erneut. Es sind darum immer nur starre, fertige und unveränderliche Typen, die er spielt: er spielt Masken. Wenn er irgend einen Charakter unternimmt, dann zergliedert er ihn sorgsam in alle Elemente und alle Merkmale, die an ihm vorkommen, merkt er gewissenhaft an. Den Fund trägt er dann eifrig zusammen, zu einem großen Bild, in dem alle kleinen Züge untergebracht und aneinandergepaßt sind, bis sie ein verträgliches und verständiges Gefüge geben; daran darf nicht gerührt werden, sonst zerfiele es und die Arbeit müßte noch einmal beginnen. Es ist fertig; Wechsel, Wachstum und Veränderung sind ausgeschlossen. So wie es ist, wird es gleich in der ersten Scene auf die Bühne getragen und aller Verlauf dient zu nichts Anderem, als das Licht von einer nach der anderen Stelle zu rücken und langsam eine Einzelheit nach der anderen zu zeigen, aus denen das Ganze vom Anfang an zusammengesetzt ist. Sie spielen in der ersten Scene immer schon gleich den letzten Akt. Sie sind fertig, wenn sie das erste Mal herauskommen; es wird an ihnen nichts mehr. Sie entwickeln niemals. Das ist der landläufige Realismus von heute, auf den deutschen wie auf den französischen Bühnen.

Der Realismus der Duse ist ganz anders. Sie trägt nicht von Anfang an einen psychologischen Paß ins Gesicht geschrieben. Man weiß zunächst gar nichts, wenn sie das erste Mal kommt. Man hat ein Lebendiges vor sich, an dem man Manches vermutet. Diese Vermutungen werden bestätigt; dann werden sie auf einmal wieder entkräftet; und plötzlich erscheint ganz unerwartet etwas Neues, worauf gerade man am wenigsten gefaßt war — aber wenn man sich nur ein wenig zurück besinnt, dann wird es freilich deutlich, daß man es von allem Anfang an gleich hätte merken müssen. Es ist nichts Fremdes und Unverträgliches, sondern in starken Keimen lange vorbereitet, die nur damals freilich nicht beachtet wurden, sondern nachträglich erst, im Zusammenhange der Wirkungen und Folgen, zur Geltung erscheinen. Oft verschwinden ihre Triebe wieder, durch feindlichen Zufall vernichtet; oft läßt sie eine unvermutete Gunst plötzlich wieder auferstehen. Es gibt ein seltsames Getriebe, das lange wirr und dunkel bleibt; wunderlich vermischte Züge wachsen und weichen und wechseln. Das veränderliche

Rätsel ist nicht zu deuten, bis nicht am Ende ein großes Schicksal zur Entscheidung hilft. Aber dann setzen sich die kräftigeren Motive allmählich durch; die eigentliche Weise des Charakters, welche durch die Sitten der Nachbarschaft und durch den lange ertragenen Zwang von Zufall und Gewohnheit verhüllt war, verdrängt alle Widersprüche, welche Erziehung, Verkehr und die täglichen Eindrücke über sie gehäuft haben, und die angeborenen und erworbenen Elemente dieser Natur geben, durch Leidenschaft gereinigt und von allen fremden Einsätzen befreit, einen notwendigen, unauflöslichen, beständigen Zusammenhang. Wenn man sich am Ende wendet und auf die vielen Reihen zurückblickt, die so lange ohne Ordnung verschlungen und unverständlich waren, dann ist es ein mildes und tröstliches Bild, weil man seinen Prozeß erlebt hat und die entschlossene, zuversichtliche Entwickelung der Natur verehrt.

Ich möchte ein Wort gebrauchen, das freilich nur den Hegelianern geläufig sein wird; aber es trifft das Charakteristische: die Anderen spielen einen metaphysischen Realismus, der Realismus der Duse ist dialektisch. Die Anderen nehmen einen einmaligen Moment des Menschen für den ganzen Menschen — als ob er immer ebenso gewesen und immer ebenso bleiben würde und als ob in seiner augenblicklichen Erscheinung seine ganze Vergangenheit und seine ganze Zukunft enthalten sein müßte. Sie glauben noch an die alten Charaktere, die doch nur nachträgliche Abstraktionen des Beobachters sind, der die wirren Widersprüche eines abgeschlossenen Schicksales in Gruppen sammelt und zu Zusammenhängen fügt. Sie wissen nicht, daß der lebendige Mensch vielmehr aus tausend Fähigkeiten, die nur die Hilfe des richtigen Zufalles zur Entbindung erwarten, und aus tausend heimlichen Möglichkeiten besteht, die alle zu stolzen Wirklichkeiten gedeihen, aber auch unverbraucht verwelken können. Das unheimliche und schaurige Geheimniß der Entwickelung durch das Schicksal, das den Menschen zeichnet, und die ewige Knechtschaft unter die Bestimmungen der Erlebnisse — dieses alte Leid, dessen Bewußtsein jetzt das menschliche Denken erneut hat, spielt die Duse.

Es ist schwer, davon eine Vorstellung zu suggeriren, wenn man dieses Wunder nicht selber erlebt hat. Zeichen dieser neuen Schauspielerei sind auch bei uns; Sarah Bernhardt spielt die Cameliendame so und Emanuel Reicher hat aus diesem Geiste seine naturalistische Meisterschaft erworben. Aber was hier nur Anfänge und Versuche sind, das ist an der Duse Vollkommenheit und Reife.

Ihr Ruhm ist in Italien ohnegleichen. Sie will ihn jetzt durch Europa verbreiten. Es ist zu hoffen, daß sie bald nach Deutschland kommt: es wird ein gewaltiges Erlebnis der deutschen Bühne sein, eine Offenbarung verschwiegener Mächte, um die sie lange schon in herben Qualen ringt.

Den 7. April.

Wir sind in ihrer Stube zusammen. Es brennt ein stilles Licht. Von draußen kommt kein Ton. Sie lehnt das nachdenkliche Köpfchen an die schmale Hand und leise spielen die Finger über die Stirne, zwischen den Fransen. Neugierig sind ihre schweren Augen und sie lauscht verwundert. Aber ich, mit gewichtigen Tritten, wandle den engen Streif zwischen dem Tisch und der spanischen Wand auf und nieder, in gewaltigen Declamationen und heftig gestikulirend. Wir sprechen von uns selbst; aber eigentlich spreche nur immer ich, unablässig, rastlos. Wir beraten unser Verhältnis, was es eigentlich ist und welchen Namen man ihm geben soll. Die Anderen reden schon darüber. Sie behaupten, es wäre Liebe. Aber es gehört eine enorme erotische Unbildung dazu, dieses zu meinen.

Ich erkläre es ihr ganz deutlich. Ich entwickele ihr alle Gründe und Zusammenhänge. Sonst wird sie mir durch den Wahn der Anderen am Ende noch selber verwirrt.

Erstens fehlt der Choc. Das allein genügt schon. Ich kann mit ihr sprechen. Ich kann bei ihr sitzen. Ich kann ihre Hand fassen. Es kommt zu keinem Skandal. Ich explodire nicht. Wie kann man also von Liebe reden? Wenn zwei Leute es fünf Minuten neben einander aushalten, ohne sich zu zerfleischen, das ist doch wohl Beweis genug, daß zwischen ihnen alle Liebe ausgeschlossen ist.

Zweitens fehlt die Feindschaft. Ueber das erste Alter, wo man überhaupt auf jedes nicht durchaus mißgeborene Mädel fällt, bin ich doch schon einigermaßen hinaus. Aber wer einmal zum Bewußtsein der Liebe erwacht ist, der kann den Reiz des Hasses nicht entbehren. Es muß eine Natur gegen seinen Instinct sein, die er sich fremd und feindselig empfindet. Wozu sonst soll er sie niedermachen und überwältigen? Es muß wie eine ererbte Abneigung im Blute sein, die für alte Schande Rache verlangt.

Drittens suche ich in der Geliebten blos die donneuse de plaisir. Wenn ich schon noch einmal verlockt werden soll, muß der Betrug gelingen, als ob dieses besondere Instrument mir auch ganz unerhörte Begierden erwecken und erfüllen könnte. Eine phantastische, unnatürliche und macabre Wollust muß irgend Etwas an ihr verraten. Schwüle Hallucinationen von vices faisandés muß sie in mir rühren. Fieber nach der sensation rare, nach der jouissance inédite ist mir die Liebe. Darum gerate ich immer mehr ins Monstruöse.

So sind untrügliche Beweise da, daß ich sie nicht liebe, und triftige Gründe, weshalb ich sie nicht lieben kann. Daß es die Leute nicht begreifen und uns durchaus eines geheimen Glückes verdächtigen wollen, verarge ich ihnen nicht, weil sie für schön gilt — und es hat nicht leicht Einer die unbeugsame Entschiedenheit meiner Sinne und meine bewußten Begierden, die sich von ihrem Vorsatz nicht abbringen lassen. Aber auch meine Freunde täuschen sich. Sie halten es für ein besonderes Raffinement. Sie erinnern sich einer kleinen Geschichte, die ich einmal geschrieben: „Der verständige Herr“. Darin behaupte ich, daß die wahre Kunst der Liebe jede Befriedigung geflissentlich verschmäht und verhindert. Und es ist mir in manchem Verhältnisse gelungen, diesem Grundsatze zu gehorchen. Die jungfräuliche Courtisane ist oft mein Ideal gewesen und der unbefleckten Ausschweifung verdanke ich manchen feinen und wunderlichen Genuß. Daran denken meine Freunde und glauben, daß es auch dieses Mal die perverse Keuschheit ist. Aber sie verlangt die stärksten Begierden. Dazu müßten erst jene drei Bedingungen erfüllt sein.

Nein, von Liebe ist durchaus zwischen uns keine Rede, sondern im Gegenteile: ich bin ihr sehr gut. Ich habe das immer gehabt: Liebe und Neigung vertragen sich in mir nicht. Die Einen habe ich geliebt: die brausten mir eine giftige Pest ins Blut und fegten alle Reinheit und Güte weg und verwüsteten und verheerten mich ganz und wühlten alle Laster zu höhnischen Empörungen auf; und es war ein Haß und eine Qual und eine grausige Not ohne Ende und sie zermarterten mich und ich vergalt es ihnen. Die Anderen pflegen mir das Gemüt und ziehen köstliche Blüten darin und ich fühle in jeder Stunde, daß sie mich bessern; ein lieber Friede entsündigt mich und ich werde sehr dankbar; aber vor ihnen bleibt eine unverwindliche Scheu und sie würde leicht, wenn ich sie lieben sollte, Abscheu.

Das habe ich ihr Alles umständlich explicirt. Sie hörte folgsam zu und mochte es wohl glauben. Einige Male verdächtigte ich sie, als ob sie die Sache nicht ernst genug nähme; aber dann schien sie mir plötzlich wieder viel mehr traurig und bekümmert — oder vielleicht auch blos ärgerlich und verdrossen, so irgend etwas.

Zuletzt brach sie auf einmal mitten in meine Rede, mit einer thörichten Frage. Ob ich denn nicht eifersüchtig auf sie sei? Sie behauptete, daß ich eifersüchtig bin.

Aufrichtig gestanden: es hat mich einen Augenblick stutzig gemacht. Ich war darauf gar nicht gefaßt. Selber hatte ich mir diese Frage noch niemals gestellt. Niemals wäre ich von selber darauf gekommen. Ich wußte so bald keine Antwort.

Vielleicht war es auch blos ihr Blick, der mich verwirrte: ein leiser, schiefer, tiefer Blick, von der Seite herüber, aus dem rechten Auge, während sie das linke ein Bischen verkniff; davon wurde die Wange hinaufgezogen und man mochte meinen, daß im Winkel der Lippen drüben etwas laure, Spott oder Uebermut. Darum geschah es, daß ich nicht gleich eine rechtschaffene Antwort wußte. Ich stapfte verlegen herum und sie konnte sich amüsiren, während sie sehr ernsthaft an den langen, braunen Wimpern zupfte — aber warum habe ich denn nicht einfach frischweg gelogen?

Nämlich, meine eigene Neugier war selber gereizt. Die Frage verlohnte sich. Was hatte ich für ein Recht, was hatte ich für einen Grund, eifersüchtig zu sein, von dieser fieberischen, rastlosen und wahnsinnigen Eifersucht, da ich sie doch nicht liebe?

Erste Thatsache: ich begehre sie nicht; ja sogar, die Vorstellung, daß mich eine Begierde mit ihr verbinden könnte, ist mir schmerzlich. Wenn sie mich auffordern würde, sie zu besitzen, ich müßte es ihr verweigern. Es thut mir wehe, wenn ich nur daran denke.

Zweite Thatsache: die bloße Ahnung, daß sie ein Anderer besitzen oder auch nur einen Augenblick begehren könnte, bringt mich gleich völlig außer mich und in wilde Raserei. Ich müßte den Buben erwürgen. Und es wäre mir eine köstliche Wollust, sie mit ihm zu verderben.

Aus der ersten Thatsache folgt, daß es keine Art von Liebe sein kann. Aus der zweiten Thatsache folgt, daß es auch nicht Freundschaft oder sonst irgend ein gemeines Verhältnis zweiter Klasse ist. Was also mag es sein?

Es löst sich aus meinen Gedanken ein alter Liebling heraus. Die Anderen wollen davon nichts wissen. Aber ich glaube lange an einen neuen Bund zwischen Mann und Frau, in welchem alles Geschlechtliche vertilgt und eine feinere Wollust entwickelt sein wird. Ich glaube an empfindsamere und kitzlichere Naturen, welche diese plumpe und gemeine Sünde verschmähen und den Stachel einer seltenen und erkünstelten begehren. Ich glaube an eine unerhörte Ausschweifung, welche die groben Sinne nicht mehr brauchen kann und sich geschmeidigere, akrobatischere Organe wählt. Das wird die große Entdeckung des zwanzigsten Jahrhunderts sein: die Entdeckung des dritten Geschlechtes zwischen Mann und Weib, welches die männlichen und weiblichen Instrumente nicht mehr nötig hat, weil es in seinem Gehirne alle Potenzen der getrennten Geschlechter vereinigt und lange gelernt hat, das Wirkliche durch den Traum zu ersetzen. Das scheint mir unter allen lebemännischen Künsten die letzte, über welche hinaus keine Lust mehr gewünscht werden kann: das Leibliche, diesen derben und bäuerischen Notbehelf der niedrigen Culturen, aus den Genüssen zu vertilgen und durch eine freie Sünde der einsamen Gehirne zu überwinden. — — — — — — — — — — — —

Es ist ein hämischer Mann in mir; der kann nur spotten und nörgeln. Allem Gefühle entwischt er flink; aber wenn die Seele fliegt, dann streckt er seinen faulen Rücken behaglich auf den Boden aus und lauert, bis ihr die Schwingen versagen. Der hat jetzt eine tückische Freude und verläumdet meine Rede als feige und eitle Ausflucht; von der großen Eroberung des zwanzigsten Jahrhundertes will er nichts hören, sondern er nennt es eine landläufige Primanereselei, blos daß sie sich mit den letzten Pariser Schlagworten gut gemästet hat.

Ich kann ihm nichts Rechtes entgegnen. Ich fühle mich selber nicht sicher genug. Aber das ist ja gerade ein ausschlagender Beweis, daß es mit Liebe nichts zu thun hat. Wäre es Liebe — ich hätte die Hindernisse und Räthsel längst gelöst. In ihren Feinheiten bin ich lange Fachmann, geprüft, erprobt und unfehlbar.

— — — — — — — — — — — — — — — —

Aber das mit dem dritten Geschlechte, mit der ungeschlechtlichen Wollust, mit dem Ersatze der gemeinen erotischen Organe durch die feineren Nerven, ist lange meine fixe Idee. In der „Mutter", die Niemand verstanden hat, ist ein Verhältnis, das gar Niemand verstanden hat: zwischen der Mutter und dem Clown. Sie haben sich niemals begehrt: darum können sie aufeinander und zusammen gut sein. Ihre Seelen können sich in reinen und innigen Trieben verschwistern, weil ihre Körper durch andere Laster auseinander gehalten sind. Aber ich hoffte solche seraphische Tugend damals blos von dem letzten Grade der Sünde. Es kann wohl geschehen, daß am Ende langer Lüste und Verworfenheiten ein frisches und freudiges Geschlecht gleich mit ihr geboren wird. — — — — — — — —

— — — — — — — — — — — — — — — —

Zuletzt, weil sie mich durchaus verwirren wollte, hat sie eine ganz alberne Frage gestellt: Was geschähe, wenn sie mich liebte und sie mich begehrte? Es ist mir von Anfang an unzweifelhaft gewesen, daß dann Alles aus sein müßte. Aber ich zögerte doch, ihr das gerade heraus zu sagen; Männer sind mitleidig. Dann verwunderte mich meine Rücksicht und erweckte ein neues Mißtrauen. Ob ich nicht ebenso aus purer Galanterie am Ende doch mit List zur Liebe eingefangen werden könnte? . . .

Ich sprang rasch auf ein neues Thema. Aber es beunruhigte mich. Wenn zuletzt doch — wieder nichts als noch einmal das alte, platte und gemeine Abenteuer —! Aber nein! Sie ist ehrlich; sie ist —

Ja — da hapert die Geschichte. Das fällt mir jetzt erst auf. Wir haben vier Stunden lang nur über uns selbst gesprochen; ich thue das sehr gerne. Sie weiß jetzt Alles ganz genau; die heimlichsten Falten meines Gemütes habe ich ihr gezeigt. Aber ich weiß von ihr gar nichts; sie hat mir gar nichts gesagt — ich habe ja freilich auch ganz vergessen zu fragen.

Aber es ist sehr amusant gewesen — und jedenfalls habe ich davon mehr als von diesen langen, müden Wanderungen durch die kalte und feierliche Stadt, die nichts erzählt, stumm und feierlich wie der Tod. — — — — — — — — — — — — —

Uebrigens: das ist alles Blech und Quark — was ich da zusammenschmiere. Es läßt sich nicht, es läßt sich nicht erzählen! Die Bashkirtseff hat ganz recht: on ne peut écrire que les choses dures; quant aux choses douces, elles ne peuvent s'écrire et ce sont les seules choses amusantes à lire.

Den 8. April.

Das kleine Fräulein hatte heute ein glückliches Wort. Wir sprachen von irgend einem Stücke, das ich nicht mag, und ich schalt ihre Rolle, welche sie spielen sollte, daß sie ganz falsch und verkehrt und albern sei. Da erboste sie sehr, daß ich ihr das nicht sagen dürfe. „Das kann ich nicht brauchen. Ich suche an einer Rolle so lange herum, bis ich am Ende doch irgendwo was Schönes entdecke. Das ist zuletzt schon zu finden — man muß sich nur ein Bischen Mühe geben. Aus diesem Punkte spiele ich mir dann die ganze Rolle zurecht, bis das Andere damit stimmt. Dann geht es auf einmal. Im Leben macht man's ja doch auch so."

Im Leben macht man's ja doch auch so!

— — — — — — — — — — — — — — —

Die Ausstellung in der Akademie und die sogenannte Wanderausstellung. Wenig Erfreuliches. Die Einen haben einen kräftigen, besonderen Drang, aber sie sind hilflos und ungeschickt und wissen nichts daraus zu gestalten. Die Anderen können etwas, aber man merkt an ihnen das Angelernte überall und sie haben die eigene Art in der Schule verloren: sie äffen blos geschickt die Franzosen. Tüchtige Bilder und aus welchen der besondere Seelengeruch ihres Künstlers strahlte, sind selten.

Ich bin mit einem deutschen Journalisten dort

gewesen. Seine gefällige Dienstbereitschaft kann ich nur rühmen und er nützte mir sehr; er wußte eine Menge und förderte meine Notizen. Es ist also recht undankbar und garstig, wenn ich bei dieser Gelegenheit sage, daß die deutsche Journalistik hier jämmerlich auf dem Hund ist. Es klebt ihnen etwas Dürftiges und Hinterhäusliches an, in der Erscheinung und im Betragen und in allen Meinungen. Sie scharwenzeln als arme Schlucker überall herum und ihr ganzer Styl ist Provinz. So schreiben sie auch, daß Gott erbarme! Und untereinander hadern sie unablässig und verläumden sich und sind einander spinnefeind; nur an diesem Merkmale erkennt man sie als Deutsche.

Den 9. April.

Wir nennen es das Café. Zwar weiß Jeder, daß es in Petersburg kein Café gibt. Aber vor den Damen nennen wir es das Café.

Das muß man sich anschauen. Sonst würde Einer die Russen nicht kennen. Es ist ziemlich weit, irgendwo; an eine Stunde sind wir gefahren; bei Tag fände ich den Weg nicht zurück. In zottigem Pelze lungert ein Dwornik vor dem Thore, das in grauem Stein zwei finstere Sphinxe bewachen. Man muß durch einen langen, verödeten Garten. Der Diener nimmt Mantel und Galoschen. Zuerst ist ein weiter, breiter, hoher Saal, in strenges und verdrossenes Gelb getüncht und von vielen stillen Kerzen erleuchtet. Das

Licht, das nirgends von einer vollen und tiefen Farbe aufgefangen wird, in der es ruhen könnte, irrt rastlos in langen, weißen Streifen. An den Wänden läuft ein Sopha. Da ragen, hoch aufgerichtet und starr, in assyrisch steifen und unbeweglichen Posen, viele Mädchen. Bunte Pracht und Geschmeide, das glitzert, hängt an ihnen herab; aber sie rühren sich nicht und sprechen kein Wort und man weiß nicht, ob sie leben. Sie sind nicht wie in Schlaf, sondern als hätte sie plötzlich ein böser Krampf bezwungen, von dem sie leiden und gegen den sie sich gerne empörten. Ein blasser Spieler quält ein müdes, verdrießliches Clavier. Er leiert ein rasches und fröhliches Wiener Lied, aber unter seinen mühsamen und linkischen Fingern, die schwerfällig über die Tasten kriechen, wird daraus blos ein mürrisches Aechzen; und es ist, als ob die kleinen, verkümmerten und schüchternen Töne durch das schwere und dicke Licht nicht könnten, sondern mit leisen Seufzern in seinem feisten Nebel erstickten. Man geht wie durch ein fahles Märchen von Wachs. Manchmal hält ein Gast vor Einer, hebt den Finger und tippt sie leise auf die Schulter. Träge und stumpf und immer ohne ein Wort, steht sie langsam auf und geht ihm voran. Ihr Schritt zögert und ihre Miene klagt ohne Hoffnung, als hätte ihr der Tod gewinkt, um sie zu holen, und sie müßte dem Unerbittlichen folgen.

Ein zweiter Saal: groß und hell und still wie der erste, von der nämlichen kalten und schweigsamen

Pracht und überall Mädchen in feierlichem Gewande und nirgends ein Flüstern der Freude. Dazwischen manchmal, bei Schnaps und Cigaretten, eine Gruppe von ernsten und nachdenklichen Männern: in das Sopha versunken, die Köpfe schlaff auf die Brust, die Schultern wie von einer unerträglichen Last gebeugt, und ihre stieren Blicke lechzen weit hinaus, als ob da hinter dem Moschus und über dem Dampf ein fernes, tröstliches Gut der Sehnsucht wäre. Keiner sagt ein Wort. In der Luft schwebt leise von nebenan der verhallende Tanz. Sonst ist nichts zu hören, als manchmal die knisternde Seide, wenn wieder Eine dem stummen Zeichen gehorcht, sich langsam erhebt und langsam den weißen Saal verläßt.

Nebenan ist eine Grotte. Zackige Felsen, graue Höhlen, ein Springbrunnen in der Mitte. Dahin streicht kaum einmal ein letzter Hauch des Gesanges. Am Wasser saßen zwei einsame Dirnen. Sie waren behaglich ausgestreckt und es schien, daß sie schliefen. Nichts regte sich; nur der sanfte Fall der großen Tropfen plätscherte langsam. Es war an ihnen und um sie wie eine tiefe Verzauberung. Erst als wir das zweite Mal an ihnen vorüberkamen, da hob die Eine das blonde Köpfchen ein wenig und sagte der blassen Nachbarin: „Voilà des sales types, qui m'embêtent!“ So war rasch Freundschaft geschlossen.

Wir sind lange geblieben. Es wurde ein lautes und gerührtes Erkennen, wie wir unser argot'sches

Gedächtnis auskramten. Gassenhauer schallten bald, alte Weisen aus dem lateinischen Quartier, und nebenan hoben sie verwundert die Köpfe, wie dieser wüste Lärm in ihren feierlichen Frieden brach.

Das ist schon ein paar Tage her, eine Woche vielleicht, daß wir das erste Mal dort waren. Aber jede Schuld rächt sich auf Erden. Wir leiden viel. Die beiden Dornröschen haben sich in uns verliebt und wollen von uns nicht mehr lassen. Es kommt keine Post, ohne ein duftiges Billet zu bringen, mit der leidenschaftlichsten Unorthographie; manchmal schicken sie auch den alten Wächter ihres stillen Hauses, was unserem Diener eine besondere Freude bereitet; und wenn von unseren Freunden ein Neugieriger in den verschwiegenen Palast kommt, dann verfehlen sie niemals, ihm eine süße Botschaft an uns aufzutragen: es wird bald in Petersburg keinen Künstler mehr geben, der nicht schon unser Postillon d'amour gewesen wäre. Unserem Rufe ist das etwas unbequem; aber es gefällt der Eitelkeit, weil diese Mädchen viele Erfahrung und eine große Wahl haben und ihre Gunst nur wirklichem Verdienst gewähren Darauf kann man sich berufen; sie müssen es doch verstehen. Darum mögen wir noch so viel ernsthafte Vorsätze beschließen — wir sind doch immer wieder galant und erbarmen uns immer wieder und gehen immer wieder hin. Man kann ja doch auch die armen Dinger nicht verschmachten lassen.

Gestern wieder. Wir schritten wieder durch die

weiten Hallen, stolz an den Anderen vorbei, welche wir mitleidig verachten: denn es fehlt ihnen der feine Geschmack und das edle Urteil unserer Freundinnen. Mein Dornröschen war in der Grotte, träumend wie das erste Mal, an dem rieselnden Brunnen. Die fahlen Lider, mit den langen, schwarzen Wimpern wie aus schwarzem Sammet, hatte sie zu; aber es flatterte um die gierigen, in allen Künsten des Kusses ermüdeten Lippen ein stilles, seliges Lächeln der Sehnsucht. Sie jauchzte, wie ich ihr die losen Locken aus dem Nacken hob, mit buhlerischem Finger, und umarmte mich heiß und wir erschöpften uns in närrisch lallenden Liebkosungen.

Aber wir vermißten die Andere. Mein Freund verlangte sein Teil. Sie verrichtete eben ihr Amt. Das geschieht in niederen, schmalen Sanctuarien, nebenan, welche durch eine sehr dünne Tapete untereinander und von der Grotte getrennt sind; man kann jede Geberde vernehmen. Da wurde geklopft und wir riefen ihr die Ankunft des Geliebten hinüber; es war im wilden Uebermute der Nacht.

Es gab einen jähen, schrillen Schrei; ein zorniger Fluch darauf; und als ob ein plumper Leib schwer auf den Boden schlüge. Und da war sie auch schon, kopfüber aus der engen Thüre heraus, mit seligen Rufen an seinem Halse. Wir freuten uns des lieblichen Bildes: mein Freund in Frack und Gardenia, aber sie hatte das schlichte Festkleid, das dem Weibe angeboren ist.

Aber wir freuten uns nicht lange. Das russische Fluchen in der stillen Zelle wuchs. Und wieder ging die dünne Thüre auf, und wieder in dem ungekünstelten Gewande der ersten Menschheit, aber mit einem langen Säbel bedrohlich ausgerüstet, erschien ein dicker, alter Herr, der keinen Spaß verstand. Das unterbrochene Opferfest war nicht nach seinem Geschmacke und um die flüchtige Helena drohte ein grimmiger Krieg zu entbrennen. Doch ließ er sich zuletzt von der beredten Aebtissin des aphrodisischen Stiftes besänftigen und durch eine schwarze, geschmeidige Magyarin entschädigen. Aber die feierliche Grotte mit dem heimlich raunenden Brunnen, unsere mondäne Herrlichkeit in Lack und Claque, die unverhüllte Brunst des blassen Weibes, der nackte Kosack mit dem blitzenden Schwerte, der hastig blos seine Mütze aufgestülpt hatte — ich hätte das Bild malen mögen.

Den 10. April.

Wieder einmal mit ausgestreckten Fühlern lauschend durch die stille Stadt — was sie auf die Nerven rieselt. Ganz allein, stundenlang. Es ist immer dasselbe wunderliche Gefühl, welk und fahl, aber von einem schwülen, giftigen Reize, wie jene Orchideen, die den Tod äffen.

Ich habe auf diese Stadt gehorcht, wie man auf einen Menschen horcht. Ihre Seele wollte ich fassen. Einige Zeichen habe ich gesammelt.

Ich will sie aufzeichnen, wie den Charakter eines Menschen; eine Psychologie der Stadt will ich geben.

Ich habe mir Alles ganz anders gedacht, von Grund auf anders und alle Erwartungen sind mir zu Schanden geworden. Eine Enttäuschung kann ich's deswegen nicht heißen: denn das Erlebnis wurde nur desto größer und reicher, über alle Hoffnungen hinaus, sehr fruchtbar und ergiebig an seltenen und wunderbaren Gefühlen. Aber niemals war eine geläufige, durch lange Gewohnheit verstärkte Vorstellung von der wirklichen Wahrheit weiter entfernt; niemals gab es so unvermutet eine heftigere Ueberraschung.

Für eine seltsame Mischung von Barbarei und Luxus gilt Petersburg bei uns: so eine Art Paris der Wildnis, in welchem Anfänge und Ausgänge der Menschheit bunt verschlungen wären. Ich erwartete eine laute und kräftige Roheit, die sich mit ein paar Fetzen von Kultur drapirte; ich erwartete etwas Wildes, Brutales und Gemeines, aber eine urwüchsige Größe und Gewalt darin, welche gerade sich nimmermehr genug thun könnte und eben darum sich importirter Raffinements bedienen müßte: richtige fin de Siècle, aber ohne die Bedenklichkeit einer langen Ueberlieferung und aller hygienischen Mäßigung entbunden; ich erwartete mir Lärm, Mut und Leidenschaft und meinen gern verwegenen Wünschen schwante gleich etwas wie jenes trotzige, von der Sitte gelöste und aufs Schwert gestellte Leben an der weißen Küste Maroccos, in einer besonderen Uebersetzung ins Nordische natürlich. Von alledem ist keine Spur. Wildheit, Größe und Kraft erscheinen nirgends. Das eigentlich Charakteristische aller Barbarei, jener jähe, unbedenkliche Gehorsam an den Befehl des Augenblicks, wie gerade das mächtige und herrische Gefühl und der Zug der Sinne treiben — das fehlt ganz. Sondern ein feierlicher und peinlicher Ernst, eine strenge Gemessenheit und unverwindliche Würde, eine kalte, steife und regungslose Hoheit sind überall, die geflissentliche Aufhebung aller Natur und eine unheimliche Verkünstelung des ganzen Lebens. So etwas Altegyptisches, Assyrisches oder Byzantinisches — in diesen Stylen etwa.

Das ist die erste Wirkung, welche Petersburg auf den lauschenden Nerven des Fremden verrichtet, und sie hält an und bewährt sich. Alle Freude ist weg. Es gibt keine Unmittelbarkeit: durch Plan und und Erwägung muß alles erst durch, bis alle Frische und Natur davon abgestreift ist. Zwang, Ueberlegung und Pose herrschen. Die ganze große Stadt ist immer wie in einer feierlichen Staatsaction. Man wird das Gefühl nicht los, daß alles ringsherum „aufgestellt", in anbefohlene Geberden eingezwängt und nirgends eine freie Regung des eigenen Gefühls ist. Man geht immer wie in einer kirchlichen Ceremonie. Und man möchte die Leute so gern einmal ohne Ornat sehen, wie sie sonst im Leben eigentlich sind, wie ihre gewöhnliche Rede und wie ihre natürliche Haltung ist; aber dieses „sonst im Leben“ kommt hier nicht vor.

Das ist das erste. Dazu gesellt sich die tiefe, unsägliche Trauer. Die ist vom ersten Schritt zwischen diesen ungeheuren, dumpfen, gelben Steinen und weicht nimmermehr. Man wird eine bange und schaurige Angst nicht los. Es ist nicht die holdselige und wollüstige Melancholie der Loire, die aus köstlichen Nebeln süße und gerührte Märchen webt, oder jene geläuterte Freude unserer Alpen, die auch wieder stille geworden und von tragischem Ernste ist. Es ist eine häßliche und quälende Beklemmung, die den Athem drückt und kein freies und zuversichtliches Gefühl aufkommen läßt. Es hängt etwas Düsteres und Feindseliges in der Luft und man hat es davon wie ein fernes Knirschen und Grollen in der Seele. Man möchte immer, daß es endlich vorüber wäre, weiß nicht was; und bei jedem Laut irgendwo schrickt man wie vor jäher, heilloser Gefahr zusammen. Es ist eine trostlose Verlassenheit, eine fürchterliche Einsamkeit, ein grenzenloses, unerträgliches Preisgegebensein. Ich habe viel herumgefragt und oft mit den Freunden gesprochen, ob sie ähnliches empfänden. In allen war das gleiche: ein unsägliches und unbeschreibliches Zittern und Zagen ohne Grund, dessen keiner Herr werden mochte, wie man es manchmal in schweren und schwülstigen Träumen hat. Davon sind denn auch alle Mienen überall, wem immer man in den weiten, endlosen, grauen Straßen begegnet, so bleich und fahl, so verloschen und maskenstarr, so gefaltet und zerknittert. Ich habe oft und lange gesucht: ich konnte keinen fröhlich Lachenden finden, der aus gutem Herzen und leichtem Sinn heraus in den raschen Tag hinein so recht vergnügt gewesen wäre; sondern eine blasse und gemeine Furcht schwindet niemals und wenn sich die Lippen auch kräuseln möchten, es wird nur ein müdes Grinsen daraus. Scherz, lustigen Gesang oder den munteren Wechsel heiterer Reden vernimmt man nicht und wenn das angesammelte Bedürfnis der Freude endlich einmal herausbricht, dann wird es wüst, wie ein Auswurf ungesunder Säfte, die mit diesen Naturen nicht verträglich sind. Und immer blicken diese tiefen, starren und verglasten Augen, an denen keine Bewegung ist, aus einer unsäglichen Sehnsucht in eine grenzenlose Verzweiflung, wie letzte Notrufe, die umsonst verhallen.

Und dann noch etwas, das die dunkle und irre Stimmung am Ende entscheidet, wie man sich nur erst in das Feierliche und in die Trauer ein Bischen eingewöhnt und zu Vergleichen besonnen hat: das Menschenlose dieser entsetzlichen Stadt — ja, anders kann ich's nicht sagen. Ich weiß nicht, ob sich das überhaupt irgendwie ausdrücken nnd einem recht suggeriren läßt, dieses schaurige und finstere Erlebnis, daß der Mensch hier nicht gilt, sondern von der toten Natur aufgeschlungen und vertilgt wird. Es ist so ganz ohne Beispiel und Gleichnis. Lange braucht's, bis man es nur selber richtig gewahrt und sich durch vieles Deuten darein findet. Ueberall sonst ist der Mensch Mitte und Angel der ganzen Welt: von ihm geht Alles aus und Alles kehrt zu ihm zurück und um seinetwillen allein ist das Andere; außer dieser Beziehung lebt nichts. Anders mag unsere ganze Bildung und Gewöhnung nichts denken als immer nur vom Menschen aus und durch den Menschen. Das ist uns das Selbstverständliche und Natürliche, an dem keinen Augenblick gezweifelt werden kann. Aber hier an den gigantischen Gefügen, die auf den stieren, trotzigen und stummen Plätzen brüten, ist überhaupt der Mensch nur lässig angemörtelt Ornament, entbehrlicher Zierrat ohne Zweck und Sinn, der fehlen könnte: sie drücken nichts Menschliches aus und gewähren keine menschliche Wirkung. Man steht vor ihnen und starrt auf sie — und sie wissen Einem nichts zu sagen und man weiß ihnen keine Antwort und fängt mit ihnen nichts an. Anderswo erzählt alle Architektur vom Leben und was die Lieder, was die Reden, was die Bräuche des Volkes künden, es ist in ihr ergänzt und vollendet. Hier ist sie eine Welt für sich, die mit dem Lebendigen nichts gemein hat, fremd und anders; man begreift nicht, woher, wodurch, wozu. Das bringt am Ende in alle die starre und genaue Regel etwas Willkürliches und Zufälliges zuletzt, daß man es nicht achten und nicht lieben kann, weil es ohne Zusammenhang bleibt und niemals dem Bewußtsein notwendig wird. —

Die Menschen selbst sind so unmenschlich. Das eigentlich Humane gerade, was so recht das Räthsel und den Reiz an diesem wunderlichen Thier ausmacht, jene Mischung von bestialen und idealen Trieben, einer sinnlichen Natur mit geistigen Einschlägen, fehlt durchaus. Sie haben keine Persönlichkeit, die ja nur in der besonderen Weise ist, wie in sich ein Jeder die zwei Seelen ausgleicht. Sie besitzen immer nur eine. Sie sind entweder Bestien schlechtweg, in denen keine Sehnsucht nach der reinen Güte je geflackert hat, oder sie sind verkümmerte Körper, in denen blos das Gehirn lebt. Darum gleichen sie auch einer dem anderen so sehr und man muß sich den andern Tag immer erst lange besinnen, mit wem man denn eigentlich gestern beisammen gewesen: es gibt unter ihnen blos Typen; wo darüber hinaus das Individuelle erst beginnen könnte, das gerade ist an ihnen ausgelöscht. Darum sind ihre Gebildeten auch die erfreulichsten und gefälligsten Gesellschafter der Welt: man wird durch kein persönliches Interesse an ihnen jemals vom Geselligen abgezogen. — — — — — — — — — — — —

In die schwere und dumpfe Trübnis dieses allgemeinen Gefühls ist freilich manche helle Freude eingesetzt, in der man sich ausrasten und trösten kann. Es ist, wenn man sich nur erst entschließt, nicht an das Leben zu denken und sie nicht auf den Menschen zu beziehen, sondern als wie eine Vision einer andern Welt zu nehmen, die mit der unseren nichts zu schaffen hat und von ihr aus nicht gerichtet werden kann — dann ist es freilich eine schöne Stadt, durch die manche Momente der Freude verstreut sind, mit vieler Ursache zu herzlicher Bewunderung. Aber das will sich niemals zu einer rechten Verbindung gesellen: es wird keine reine Stimmung daraus, kein sicheres und treues Verhältnis. Sondern eine lastende Angst verharrt immer hinter allen Gefühlen, etwas Unheimliches, Lauerndes und Hämisches, und es bleibt immer eisig und schwül zugleich in der Seele, eine wunderliche, seltsame Mischung, die eine unablässige, quälende Sehnsucht gibt.

Den 11. April.

Das französische Theater heißt nicht viel. Nur Guitry ist unter Allen, welche ich gesehen habe, ein wirklicher Künstler. Die Anderen sind Provinz, wie man in Bordeaux oder in Marseille Komödie spielt: mit der blendenden Anmut jeder Geste und dem verläßlichen Gehorsam aller technischen Mittel, welche dieser glücklichen Rasse gehören, aber ohne eine große Natur im Grunde. Bessere Schauspieler sind bei uns leicht zu finden. Aber es ist ihr Vorzug, daß sie überhaupt keine schlechten Schauspieler haben.

Von Guitry wird eine gefällige Geschichte erzählt,

die man seiner derben Faust und seinen breiten Schultern wohl zutrauen kann. Aber ich bin nicht dabei gewesen. Ich berichte blos, wie ich es gehört habe. Auf den Inseln draußen irgendwo ist ein großes Tingel-Tangel. Arkadia heißt es. Zigeunerinnen tanzen da, es gibt Musik, üppige Gartenfeste im Sommer. Da versammelt sich die ganze reiche und vornehme Badauderie von Petersburg, Lebemänner und Lebefrauen — sie haben hier diesen Typus, den wir nicht kennen, der großen Dame, die sich amusirt, der Cocodette. Einmal kommt Guitry, seine Liebe am Arm, eine kleine Statistin seines Theaters. Sie sehen sich den ganzen Zauber an, soupiren fröhlich zusammen, und wie um Mitternacht das große Feuerwerk abgebrannt wird, gehen sie in den Garten. Irgend ein Großfürst, mit seiner Frau und vielen Offizieren, begegnet ihnen, eine laute und ausgelassene Kumpanei, und alle sind betrunken. Guitry grüßt. Der Großfürst dankt und dann geht er auf die kleine Statistin los, faßt sie bei den Ohren und küßt sie auf den Mund. Guitry wird gar nicht wild, läßt ihm das Mädchen, geht auf die Großfürstin los, faßt sie bei den Ohren und küßt sie auf den Mund. Ob die Großfürstin böse wurde, kann ich nicht sagen, aber die Offiziere zogen blank und der Fürst setzt wie ein gereizter Tiger auf ihn los. Jedoch mein Guitry, mit seinen sehr verläßlichen Muskeln, ganz ruhig und ohne sich aufzuregen: „Küßt Du meine Frau, küsse ich die

Deine — das ist doch selbstverständlich." Darauf haben sie noch einige Ohrfeigen gewechselt.

So hat man es mir erzählt; aber für die Wahrheit verbürge ich mich nicht. — — — — — — — —
— — — — — — — — — — — — — — — —

Heute Abend ein munteres Abenteuer, so recht nach meinem Sinn. Ich habe eine artige Sammlung der menschlichen Gemeinheit, einen genauen und umständlichen Brehm der sämmtlichen Thiere im Menschen. Ein schönes Exemplar ist immer willkommen.

Es war nach dem Theater. Ich hatte mich mit dem kleinen Fräulein ein Bischen gezankt. Sie wollte nirgends mit und klagte, daß sie müde sei; und allein habe ich doch keine Freude mehr und Alles verdrießt mich. Ich war recht bös und wild. Sie hat es wohl kaum bemerkt: erst wie sie fort war, kam es heraus. Da rief ich ihr in Gedanken schlimme Vorwürfe nach und verbitterte mich sehr und suchte irgend ein Opfer. Die mühsam gebändigte Roheit der Natur war wieder einmal in hellem Aufruhr. Streitlustig und händelsüchtig lärmte es in mir. Ich hätte irgend wen auf der Straße anfallen und herausfordern mögen, wie nur das jüngste rempelfreudige Füchslein.

Bei Morosoff waren Bekannte. Isidor saß unter ihnen. Der hatte mir gerade noch gefehlt. Isidor gehört zu jenen Leuten, die man achten muß. Die kann ich schon gar nicht vertragen. Sie haben etwas an ihrer Natur, das Einem widerlich ist und jedes ruhige Behagen verdirbt, und am Liebsten würfe man sie gleich hinaus; aber man muß bekennen, daß sie immer gefällig und dienstbereit und von allen guten Eigenschaften sind — es gibt keinen Einwand gegen sie und man wiederholt sich täglich, daß man sie achten muß, und ärgert sich täglich über sich selbst, daß man bei allen Vorsätzen ohne Grund täglich wieder ungezogen gegen sie ist. Sie können Einen zur Verzweiflung treiben.

So ist Isidor: immer gefällig, unerschöpflich an dienstbeflissenem Eifer, unwandelbar, alle Tage immer der gleiche gute Kerl. Man ist durchaus wehrlos gegen ihn. Man wird ihn nicht los. Welche ausgesuchten Grobheiten man sich auch leisten mag, er hat nur Mitleid mit Einem, daß man so schlecht aufgelegt ist, und will Einen trösten. Und jeden Tag erweist er Einem einen neuen Gefallen.

Ich werde nervös, wenn ich ihn blos sehe: nervös gegen ihn, daß er sich so niederträchtig behandeln läßt, und nervös über mich, daß ich mich gar nicht beherrschen kann und immer wieder meiner feigen Bosheit gehorche. Es reizt mich, wie weit seine Geduld eigentlich reicht, ob man nicht doch einmal irgendwo an ihre Grenze kommen könnte. Aber das Experiment mißlingt jedesmal.

Isidor ist jetzt das Kameel eines dicken, verliebten, lächerlichen Weibes. Sie thut mit ihm wie mit einem Bedienten. Ueberall schleppt sie ihn mit, sprengt ihn in der ganzen Stadt herum und läßt ihre schlechten Launen an ihm aus. Er darf für sie immer bezahlen und hat gar nichts davon. Dabei ist er augenscheinlich bis über die Ohren in sie verliebt, wird rot, wenn er ihr die Hand küssen darf, und träumt jede Nacht den seligsten Liebesfrühling.

Ich mag das Weib nicht. Ich kenne sie kaum, aber sie hat für Jeden gleich ein niederträchtiges Entgegenkommen, das ich nicht ausstehen kann. Es gilt ihr ganz gleich, wer — wenn es nur ein Mann ist.

Die Beiden fand ich zusammen. Ich war gerade in der rechten Stimmung für sie. Schön habe ich mich nicht benommen, aber mit dem besten Willen, ich kann es nicht bereuen. Ich behandelte sie, wie man allenfalls eine Straßendirne behandelt, wenn man einen Rausch oder keinen Geschmack hat. Ihre Gemeinheit und seine Geduld wollte ich prüfen. Ihr machte es ein unbändiges Vergnügen. Er aber saß ganz stille und sah sie nur mit seinem milden, demütigen Blick unverwandt an. Es war Alles vergeblich.

Wir brachen endlich auf. Auf der Straße, während Isidor mit den Kutschern aushandelte, nahm ich noch einmal meine Wut zusammen, warf sie in den nächsten Wagen und rief dem Kutscher die Adresse zu und daß er rasch fortmachen sollte. Isidor brauchten wir nicht, Isidor sei ein Esel, sonst würde er nicht so brüderlich neben ihr leben — und wir wollten uns jetzt einmal recht unbrüderlich amusiren!

Man mußte den Haß und die erbitterte Verachtung hören, mit welcher das breite und höhnische Weib darauf von dem armen Jungen erzählte, der doch am Ende nichts weiter verbrochen hat, als daß er sie anständig behandelt; aber das verzeihen sie niemals. Es gab mir eine herbe, gepfefferte Wollust. Vor meinem Hotel sagte ich ihr, daß sie mir zu gemein sei und gab dem Kutscher ihre Adresse.

Dieses sind die Weiber. Die Peitsche wollen sie. Wer Achtung, Scheu oder irgend ein ritterliches Gefühl für sie hat, den hassen sie unversöhnlich. — — —
— — — — — — — — — — — — — — —

Wir sollten blos nicht immer gleich sagen: dieses sind die Weiber. Sondern es müßte heißen: das ist die erste Natur des Weibes. Aber es lagern viele Naturen in ihnen übereinander und widersprechen sich oft.

Es gibt keine Guten, in denen alles Böse ausgemerzt wäre, und es gibt keine schlechten, die niemals zur Güte gelangen könnten, sondern es ist überall die nämliche Natur, aber sie hat viele Grade: jeder hebt den letzten auf und bringt neue Geheimnisse, welche der nächste wieder widerlegen wird. Eine selige Mannigfaltigkeit ist in den Frauen, von verruchtem Satanismus bis zu himmlischer Reinheit, Anmut und Würde. Jeder Grad hat seine besondere Weise, die nimmermehr verschwindet, niemals überwunden wird; ihre Spuren bleiben in allen, die folgen, aber ihre Kraft ist ausgegeben, ihr Werk ist verrichtet und sie liegt jetzt unbeweglich und stille im Vorrate der Seele. Die höchsten Grade bewahren deutlich alle Zeichen der niederen, aber sie sind jetzt so zu sagen im Ruhestande. Es ist eine unermüdliche Entwicklung, in der nichts verloren, sondern immer nur erworben wird. Neue Kräfte, andere Organe erscheinen, aber sie verdrängen die alten nicht. Die höchste Frau ist eine Scala aller möglichen Frauen: alle Laster liegen in ihr, aber über ihnen ist eine vollkommene Schönheit entfaltet. Wir thun immer so, als ob es auf die große Reinigung ankäme, das Böse und Schlimme zu vertreiben; aber es soll vielmehr über die erste Natur hinaus Kraft und Güte entwickelt und neuer Reiz gewonnen werden.

Mir ist die alte Joga-Lehre im Sinne. Wir haben es nur vergessen und sind verdunkelt. Jeder Glaube der alten Völker weiß davon. Viele Neugeburten geschehen in uns: jede gibt uns einen neuen Menschen, aber die alten bleiben. In den Mysterien wird es immer als eine erotische Gnade gefeiert.

Den 12. April.

Ich bin sehr verdrießlich. Ich soll fort. Ich will nach Moskau. Dort erst ist das wahre Rußland, Dort winken fremde, unerprobte Genüsse. Dort kann meine Seele asiatisches Wesen gewinnen. Täglich bestimme ich die Reise für den nächsten Tag. Täglich nehmen wir noch einmal Abschied. Aber es läßt mich nicht fort.

Ich entschuldige mich dann lügnerisch vor mir selbst, daß ich ja Petersburg noch nicht kenne. Ich habe nichts ordentlich gesehen. Keine Empfehlung habe ich abgegeben. Ueber eine verschwommene und dunstige Stimmung hinaus habe ich noch kein deutliches Gefühl der Stadt. Darum muß ich bleiben. Aber ich weiß ganz gut, daß es mir nichts nützen wird. In drei Monaten werde ich auch noch nicht weiter sein.

Dann sage ich mir wieder: ich bin ja kein Geograph, sondern, wenn man mir schon irgend einen Beruf anhängen will — ich bin allenfalls Psychologe. Was liegt daran, wenn mir Rußland fremd und verschlossen bleibt? Aber das kleine Fräulein muß ich erforschen, welch' seltsames und merkwürdiges Verhältnis das zwischen uns Beiden eigentlich ist. Das hat nun gar keinen Sinn. Wahrscheinlich wird es mir ja zum Glück mißlingen. Sonst verdürbe es mir nur den ganzen Genuß: denn in dem Unbestimmten, Unfaßlichen und Unsäglichen dieses Gefühles ist gerade sein köstlicher Reiz.

Es wäre ein großes Verdienst um meine Psychologie. Das gibt mir keine Ruhe und reizt meinen Ehrgeiz. Die Neugierde des Verstandes hat mir immer die besten Sensationen gatirt. — — — — — — —
— — — — — — — — — — — — — — —

Ich habe jetzt das ganze Repertoire von Kainz

gesehen, alle seine Paraderollen: Romeo, Don Carlos, Ferdinand, Rustan, Carl Moor und den Ernesto in Galeoto. Es waren große, tiefe und nachhaltige Wirkungen. Ich werde sie niemals vergessen.

Aber wenn ich sie prüfe und zerlege und mit anderen vergleiche -- das ist ganz seltsam. Was man gern als den eigentlichen Beruf der Schauspielerei behandelt, daß sie Instrument der Dichtung sei, das verschwindet hier durchaus. Seine Kunst geht in dem dargestellten Werke nicht auf, sondern dieses wird vielmehr als eine entbehrliche, ja lästige Maske empfunden; seine hinter ihr versteckte Natur allein ist der mächtige Reiz. Er gibt seine Mittel nicht in den Dienst des Dichters, sondern der Dichter soll ihm nur die Gelegenheit geben, die eigene Herrlichkeit zu entfalten. Er spielt die Rolle nicht: er spielt sich auf der Rolle.

Wie wir damals über die Schauspielerei stritten, da haben wir alle Meinungen erwogen: der Eine schätzte Dichter und Schauspieler gleich — Jeder müßte neben dem Anderen sein besonderes Werk verrichten, den Ausdruck seiner besonderen Natur; der Andere ordnete den Schauspieler unter den Dichter, als ob er seinen Befehlen durchaus zu gehorchen und den eigenen Geist und den eigenen Leib blos als bildsamen Stoff und hilfreiches Organ herzugeben hätte. Aber auf diesen Einfall ist Keiner gekommen, den Dichter unter den Schauspieler zu ordnen und sein Werk wie ein Clavier zu behandeln, das den Ausdruck des Schauspielers erwartet. So verfährt Kainz. Man hat einen ganz seltsamen, unsäglichen Genuß davon. Aber das ästhetische Gewissen beunruhigt sich, weil er gegen alles Herkommen und alle Gewohnheit verstößt.

Mit manchen Büchern geht es ebenso und gerade meine Lieblinge gehören dazu. Mit manchen Bildern ist es das nämliche. Ich kann nicht sagen, daß die Mademoiselle de Maupin ein guter Roman ist: sie ist überhaupt kein Roman und sonst eigentlich auch nichts und wenn man sie vom Dichter löst und für sich nimmt, dann zerrinnt sie, aber ich fühle in jedem Satze die herrliche Fülle und Kraft des jungen Gautier. Ich kann nicht sagen, daß ich Zeichnung und Farbe des Botticelli liebe, aber hinter ihnen verehre ich diese köstliche Einfalt eines schlichten, reinen, gläubigen Gemütes. Ich kann nicht sagen, daß ich mir nicht einen besseren Romeo denken möchte als des Kainz; aber hinter dem Romeo weiß ich keine reichere, edlere und anmutigere Natur.

Die Duse ist heute Cleopatra, gestern war sie Francillon, morgen wird sie Nora sein, und jedesmal erlebe ich nur Cleopatra, Francillon oder Nora: die Duse selbst ist durchaus vergessen und man muß erst das Theater verlassen und sich eine Weile erholt und lange besonnen haben, bis die Erinnerung an sie zurückkehrt. Man hat einige Mühe, sie sich auch nur einen Augenblick von ihrer Rolle gesondert vorzustellen und man kann sich die Rolle ohne sie nicht mehr vorstellen:

die Beiden sind Einem unlöslich verwachsen. Aber ob Kainz den Carlos oder den Rustan spielt, der Carlos und der Rustan sind Einem ganz gleich und man denkt nur immerfort an Kainz: den möchte ich kennen und zum Freunde kriegen, damit ich recht oft mit ihm plaudern und an der stolzen Größe seiner Natur erstarken und ihm recht gut werden könnte.

Es ist albern, aber unsere Gewohnheit will davon nicht lassen: wir müssen immer Alles wägen und messen. Wir fragen immer gleich, wenn Zwei verschieden sind, wer der Größere und der Bessere sei. Wir wollen immer gleich allgemeine Gesetze. Wir sollten lieber die Natur preisen, daß sie so reich und unermüdlich ist, erfinderisch an Schönheit; und höchstens dürften wir fragen, wen unser besonderer Geschmack vorzieht, und allenfalls auch noch, wer die Entwicklung fördert. Alles Andere ist müssig.

Ich habe von Freunden des Kainz gehört: schade daß er keine Technik hat! Ich finde: er hat eine vortreffliche Technik. Aber wir meinen nicht dasselbe. Mit diesem Worte wird viel Schwindel getrieben, in allen Künsten. Man redet von ihr, als ob sie etwas Selbständiges, von der Kunst und von dem Künstler Unabhängiges wäre, ein besonderes Vermögen für sich. Die Schauspieler verstehen damit, außer der Behandlung des Wortes und der Haltung, eine zuverlässige Verwandlungskraft. Es ist ihre Absicht, sich der eigenen Natur zu entäußern und die jeweilig vom Dichter vorgeschriebene anzunehmen; die Summe aller Mittel, die dazu helfen, nennen sie Technik. Kainz kennt diese Absicht nicht. Sich selber will er ausdrücken und Alles in seine eigene Natur verwandeln. Er braucht also ganz andere Mittel; was Jenen hilft, würde ihn hemmen; was Jene' vermeiden, muß er geflissentlich suchen. Er braucht seine besondere Technik.

Den 13. April.

Ich weiß nicht mehr, was ich anfangen soll. Ich will fort, aber zuerst möchte ich doch noch Etwas von Petersburg sehen — was soll ich denn daheim davon erzählen? Wenn ich mit Anderen gehe, dann ärgere ich mich blos und sehne mich nach ihr. Wenn ich mit dem kleinen Fräulein gehe, dann ist alle Welt wie versunken und ich sehe blos sie. Und wenn ich allein gehe, dann sehe ich überhaupt gar nichts, sondern horche blos einwärts, wo ein lauter Schwall seliger Verkündigungen wächst.

Es ist mir wunderlich. Ich fühle mich ganz erneut. Alte Gewohnheiten sind plötzlich weg; überall finde ich in mir ein junges, ungekanntes Leben. Aber es ist nicht wie sonst, wenn ich mich verwandelte: ich habe nicht das Gefühl, etwas erworben zu haben, sondern als wäre es längst dagewesen, blos vor einer feindlichen Nachbarschaft versteckt, und hätte geduldig gewartet — und jetzt auf einmal ist es herrlich auferstanden. Ich empfinde es nicht als ein Geschenk von

Außen, sondern ich selbst, der lange an die Welt weggegeben war, bin mir geschenkt. Schon darum hat es mit dem kleinen Fräulein nichts zu thun. Nein, es ist gar nicht möglich, daß es mit dem kleinen Fräulein etwas zu thun hat.

Indische Gedanken begegnen mir: von der zweiten Geburt, die den Menschen erneut, von der großen Erweiterung der Seele, die plötzlich in sich ungeahnte Würden und verborgene Mächte entdeckt, und daß Jeder, wenn er nur hoffend vertraut und unermüdlich sich verfolgt, am Ende das Ganze aus sich entfalten kann. Ich habe das magische Wunder erlebt. Aber kein Wort, in keiner Sprache, ist breit und tief genug, sein göttliches Geheimnis zu fassen.

Es ist seltsam, wie diese sanfte Lehre des alten Volkes heilt und alle Leiden stillt. Täglich wächst überall ihre Gemeinde. Neugierde treibt die Einen, Andere folgen der schmerzlichen Sehnsucht nach dem Frieden, wenig Wissende oder die wenigstens eine geheime Zuversicht auf künftige Wissenschaft haben, sind darunter. Aber überall melden sich täglich neue Bekehrte. Der ganze Adel der Menschheit wird bald diesem Bunde gehören.

Es ist manchmal eine laute Begierde in mir, daß ich alle kennen, mich ihnen beichten und ihre Bekenntnisse eintauschen möchte. Ich denke manchmal: wenn wir einen Club der guten Europäer gründeten — alle mondainen Eremiten fänden sich da zusammen. Irgendwo unter dem üppigen Azur der Provence müßte seine Stätte sein, ganz nahe am hellen Flügelschlag des frohlockenden Meeres. Dahin kämen wir jedes Jahr, schaurige und geheime Feste zu feiern; der Ausgeschlossene erschräcke vor Grauen und Scheu. Unser wären viele Tausende und Jeder wäre doch einsam mit sich selbst, blos mit einem deutlicheren und bewußten Selbst; Jeder hätte in dem Anderen seinen reinen Spiegel. Hier würde die göttliche Liebe, in welcher die Trennung aufgehoben und das zweifache Geschlecht erworben wäre. Hier könnte Heimat und ein vaterländisches Gefühl sein.

Und dann lache ich wieder über mich selbst. Was brauchen wir einen Verein? Die seligen Büßer erkennen sich überall und sind ohne Wort und Geste verbrüdert.

— — — — — — — — — — — — — — —

Es muß angemerkt werden: alle Mysterien sind überall erotisch. Der Phallus ist immer das Organ der großen Weisheit. Es mag sein, daß es oft allegorisch gemeint war; aber ich fühle es als den Kern der menschlichen Räthsel. — — — — — — — — —

So denke ich gerne, in langsamen Spiralen, müßig auf der weichen Chaise longue, die in Seide leise knistert, stundenlang. Meine Wünsche wiegen sich sanft. Es verlischt jede rauhe Begierde und leichte, dünne, blasse Reize ziehen vorbei. Es ist, als hätte ich blos ein Schattenspiel des Gehirnes im Kopfe. So flüchtig und glatt sind in meinem Bewußtsein alle Formen und entgleiten gleich wieder.

Aber ich fühle mich, als ob ich immer stiege. Leichter und dünner wird mir immer die Luft. Die schwere und grobe Erde muß schon tief unten sein. Wir steigen zwischen tanzenden Sternen. Ein helles Tasten rieselt über mich wie von winzigen Fingern schmaler Engelsknaben. Sonnenwärts ist Alles gestreckt. Licht sprüht überall. — — — — — — — — —
— — — — — — — — — — — — — — — —

Dann klingen alle Nachtigallen der Seele, und es wird rings ein dichter Flieder. Alle Welt ist weg. Aus meinen Wünschen blüht eine andere. Die ist schön und gut, ohne Tadel und Fehl. Ein üppigeres Märchen weiß kein Traum.

Das ist Alles Schwindel und Wahn, das Lauschen nach der Welt hin um neue Sensationen. In uns allein ist das Glück. Es sind in uns große, heilige, wunderkräftige Triebe; nichts gleicht ihrem Segen. Aber es muß erst die Gnade kommen, die sie weckt. Das kleine Fräulein war meine Gnade.

Ich rechne ab mit allen Vergangenheiten. Ich thue sie weg. Ich höre nicht mehr auf sie. Der hochmütige Betrug, als ob ich ein besonderer und zu wilder Größe auserlesen sei, hat seinen Zauber verloren. Verzichten will ich. Gering und demütig will ich werden und nur meiner stillen Güte gehorchen. In mir schreit Alles nach Einfalt und Milde. Dem Ruhme und dem Stolze will ich entsagen; ein schlichter und braver Mensch möchte ich werden. Ich möchte sie verdienen.

Ich will in die Einsamkeit, milden und tiefen Gefühlen ergeben. Ich will aus mir ein Kloster machen, in dem sich das Vornehme und Freudige der Seele sinnend beschaut. Draußen ist nur Wahn und Lüge.

— — — — — — — — — — — — — — — — —

Vielleicht ist es blos eine Nervenschwäche. Ich habe zuviel von ihnen verlangt. Jetzt sind sie müde und lahm und versagen. Man muß sie ein wenig verschonen. Sie werden sich schon wieder erholen. Es wäre doch eine traurige Schande, wenn allen langen Fleiß und die mühsame Dressur der Sinne am Ende der feige und schläfrige Philister überwände.

Ich wiederhole mir eindringlich den Satz des Benjamin Constant: Si j'étais heureux à la manière vulgaire, je me mépriserais.

Den 15. April.

Wir fahren oft zum Peter. Das ist, auf die Newa hinaus, in grauem Stein weithin gebieterisch aufgerichtet, ein herrliches Denkmal. Falconet, unter der zweiten Catharina, hat es gebildet. Viele Leidenschaft und eine wilde, unersättliche Größe ist in seinem verwegenen Schwunge. Nachts, wenn blaue Dämpfe von der Newa ziehen, unter den glatten Wellen des Mondes, dann regt sich in dem bleichen Granit ein gespenstisches Huschen und Flirren von bunten Blitzen und schaurige Märchen sprühen aus seiner fahlen Pracht. Wir horchen oft lange auf ihre wunderlichen Zeichen. Ich halte die sanfte Hand des kleinen Fräuleins, damit mir nichts geschehen kann.

Aber über Alles lieben wir die Nixen. Das ist ein Bild von Makowski. Es ist schon auch redlich gearbeitet, mit vieler verständig ausgedachter Kunst. Man merkt gleich, daß der Maler etwas kann und alle Kniffe des Handwerks los hat. Aber es geschieht nicht um ihretwillen, daß er malt, sondern sie gehorchen tiefen, köstlichen Gefühlen. Die lassen sich gar nicht sagen. Das ganze Geheimnis der Natur ist in diesem Bilde. Es hat alle Güte und Schönheit, die im Grunde des Menschen schlafen, aber eben dieses Schlafende, Traumhafte, Visionäre, das sie nimmermehr verläßt, hängt darüber. — — — — — —
— — — — — — — — — — — — — — —

Am meisten verdrießt mich an dem ganzen Verhältnis, sie könnte mich doch vielleicht am Ende mißverstehen und verliebter Schüchternheit verdächtigen. Sie ist weit unter meinen erotischen Feinheiten und wenn ich es ihr auch noch so mühsam umständlich erkläre, wer weiß, ob sie es jemals recht begreifen kann! Ich wiederhole ihr oft, daß ihr das Dämonische und Assyrische meiner Weiber fehlt, dieser hämische und herbe Reiz plump geschnitzter, widerlich verklexter Götzen. Ich wiederhole ihr oft, daß ich durch ein bitteres, aber heilsames Schicksal gegen die Liebe gefeit und seuchenfest geworden bin. Aber sie kann es vielleicht gar nicht verstehen und hält es für Befangenheit und Ungeschick.

Das ist mir unangenehm. An meiner Verführungskunst will ich keine Zweifel. Aber was soll ich thun? Soll ich sie ihr ad oculos demonstriren? Aber der bloße Gedanke schon ist mir schmerzlich und widerlich und wenn ich sie gewänne, dann hätte ich das Beste verloren. — — — — — — — — —
— — — — — — — — — — — — — — —

Noch Etwas ist mir heute eingefallen. Ich denke oft nach, was ihr eigentlich fehlt. Ihre Schönheit ist nicht zu leugnen, ihre makellose und holde Schönheit. Aber sie ist keine beauté inquiétante; das Troublant fehlt ihr. Und das kann ich nicht missen.

Den 16. April.

Das deutsche Gastspiel geht zu Ende. Ich bin ein Bischen enttäuscht. Es ist allerdings eine Elite von Schauspielern gewesen; keine deutsche Bühne kann sich heute solcher Meisterschaft rühmen. Aber die Elite der Autoren war kläglich. Blumenthal, Schönthan, Kadelburg und Jaffe — ist das wirklich das Beste, was die deutsche Bühne heute hat, und hat sie wirklich außer Wildenbruch und Sudermann keine Dichter?

Ich weiß keine Antwort. Es ist eine böse Zeit für das Theater. In den Künstlern wächst der Trieb, nur für sich selber und allenfalls für die enge Gemeinde der Kunstverständigen zu schaffen. Wir werden bald nur noch eine Literaten-Literatur haben, die blos der Eingeweihte versteht, eine Atelier-Kunst, mit der der Laie nichts anzufangen weiß. Woher soll sich dann die Menge ästhetisch verköstigen?

Ob es heute überhaupt noch möglich ist, daß derselbe auf die Künstler und auf die Laien wirkt? Was die Künstler suchen, das verstehen die Laien überhaupt gar nicht. Wo der Laie empfindet, kann der Künstler blos mitleidig spotten.

Wir sind jetzt manchmal sehr stolz, wir jungen Dichter von heute, daß wir den Deutschen wieder eine Literatur gegeben haben. Aber es ist eine Literatur, mit der sie nichts anzufangen wissen. Und man kann ihnen das nicht verargen: denn nichts als technische Experimente machen wir einstweilen noch immer.

— — — — — — — — — — — — — — — — — — — —

Jules Lemaitre sagt einmal: la littérature nouvelle tend à devenir un divertissement mystérieux de mandarins; on dirait qu'elle s'applique à effaroucher les bonnes âmes par ses audaces et à les déconcerter par ses raffinements.

Den 17.

Heute wurde die Großfürstin Michael begraben. Der Zar holte die Leiche vom Bahnhofe und geleitete sie nach der Peter-Pauls-Festung. Wir wollten den Zug sehen. Damen waren dabei, wir verspäteten uns natürlich. Als wir kamen, waren weithin alle Plätze besetzt. Fünf, sechs Reihen hintereinander stand die

Menge. Aber ich tippte den Nächsten blos sachte auf die Schulter und wies ihn mit einer herrischen Geberde an, uns vorzulassen. Da neigten sich Alle demütig vor uns und wichen zur Seite und öffneten die Gasse. Weil wir gute Kleider trugen und nicht einmal russisch wußten, mußten wir wohl etwas recht Vornehmes sein und sie wollten keine Prügel.

Weithin stand die wartende Menge, unabsehbar. Aber es regte sich kein Laut. Keiner flüsterte mit dem Nachbar. Aus ihren stumpfen und unbeweglichen Mienen konnte man nichts vernehmen. Es dauerte lange, aber keine Ungeduld rührte sich. Dann sprengten prächtige Reiter vorüber, auf herrlichen Rossen, aber keine Freude bewegte die träge Masse. Es kam die Priesterschaft, in kostbaren, üppigen Gewändern, mit wallenden Locken und flatternden Bärten, unter bunten Tiaren; da zogen sie stumm die Mützen. Hinter dem Wagen schritt der Kaiser; da beugten sie sich tief zur Erde.

Der Kaiser ist ein schöner und mächtiger Mann, mit einer stolzen, kühnen und freien Miene. Die häßlichen Geschichten, die bei uns von ihm erzählt werden, glaubt man nicht mehr, wenn man ihn einmal gesehen hat. Man hat Achtung vor ihm und Mitleid. Schwere Kämpfe sind ihm ins Gesicht geschrieben. Seine Kraft hat einen leidenden Zug. Eine verächtliche Schwermut ist auf seiner Stirne.

Es ist uns Allen aufgefallen, daß wenig Polizei

zu sehen und keine besonderen Maßregeln getroffen waren. Wir hatten uns das ganz anders vorgestellt. Alle Schilderungen sind übertrieben.

Den 20. April.

Nun sind bei Bock die letzten Premièren gewesen: vorgestern die „Ehre“, heute „das Bild des Signorelli“. Der unvermeidliche Herr Klein hat seinen unvermeidlichen Triumph gehabt; die Banausen rasten wie Besessene. Ich weiß heute keinen Schauspieler, nicht in Deutschland, nicht anderswo, der mir widerlicher wäre. Aber er ist ein Typus, ein schönes Beispiel für den Unterricht der künftigen Geschlechter. Der Entwicklung würde etwas fehlen, wenn man ihr dieses Monstrum nähme.

Herr Klein kann allerhand hübsche Sachen. Man muß nur gerecht sein. Alle geheimen Schliche und Trüke der Schauspielerei sind ihm vertraut. In wunderbaren Bärten, wohlverstandenen Augenbrauen, die ein tiefes Studium beweisen, und suggestiven Ueberziehern ist er groß. Jede Geberde, jeder Blick, jeder Ton ist gewählt an ihm und auf den Reiz der stumpfen Neugier bedacht. Es gibt kein Wort in seinen Rollen, keinen ruhigen, einfachen und selbstverständlichen Satz, den er nicht so lange umzudrehen und zu verkünsteln wüßte, bis richtig wieder alle Philister verblüfft sind. Die Wirkung ist ihm Alles, die große Wirkung auf die Masse. Alle gemeinen

Instinkte des Pöbels berechnet er vortrefflich. Darin schätze ich ihn sehr: er ist der feinste Psychologe der menschlichen Thiere und irrt niemals. Und ich beneide ihn um dieses herbe Hochgefühl von köstlicher Verachtung, das seinen Stolz schwellen muß, wenn ihm die platten Bursche wieder in die plumpe Falle gehen. Aber eigentlich hätte er Politiker werden müssen, so irgend ein stimmgewaltiger Agitator mit dem unwiderstehlichen Pathos der ehrlichen Ueberzeugung, hinter welchem die Völker jauchzen und vor welchem die Könige wanken.

Er ist der schlaue „Macher“. Gekünstelt und erklügelt ist Alles an ihm, spitzfindig ausgedacht und mit Berechnung eingefädelt. Nichts ist empfunden. Man sieht viele Künste, aber man hört kein Gefühl. Er behandelt jede Rolle wie einen angesagten Pagat: alle Treffer sind weise erwogen und wenn es nicht anders ausgeht, dann fälscht er auch wohl einmal die Karten — er weiß, daß es die Potsdamer nicht merken, und die Anderen lassen sich auf sein Spiel von vorne herein nicht ein. Er ist der gefährlichste Grieche der deutschen Bühne.

Seinem Fleiße kann man den Respect nicht versagen. Er besitzt alle Mittel. Er hat Alles gelernt, was erlernt werden kann. Das theatralische Handwerk hat keinen findigeren Meister. Nur der geheime Adel des Künstlers, der sich nicht erwerben läßt, nur die angeborene Gnade der Kunst ist ihm fremd.

Sein berühmter Professor im Bilde des Signorelli ist ein gutes Muster dieser ganzen Weise. Ich will annehmen, irgend ein romantischer Schauspieler hätte diese Rolle: er würde aus seinem Gefühle, wie er sich vorstellt, daß der Wahnsinn empfunden wird, sich selber in einen künstlich angelebten Wahnsinn hinübersuggeriren; den stattete er mit allen Mitteln aus und wenn es vielleicht medicinisch falsch würde, es behielte immer seine eigene Wahrheit. Oder irgend ein landläufiger Realist hätte diese Rolle: er entschiede sich für eine besondere Gattung des Wahnsinns, suchte ihre Beispiele auf und lernte ihre Kennzeichen und Merkmale. Ein realistischer Psychologe endlich würde zudem diesen bestimmten Wahnsinn noch an einem bestimmten Charakter individualisiren, um ihn langsam vorzubereiten und aus dem unerbittlichen Zwange dieses Schicksales zu entwickeln. Aber Herr Klein ist nicht Romantiker und nicht Realist und nicht Psychologe. Herr Klein ist ein Pfiffikus. Herr Klein arbeitet schneller und verläßlicher. Er macht eine höchst einfache Rechnung. Er stellt auf die eine Seite Alles, was er jemals an Wahnsinnigen jeder Art gesehen oder über sie gehört, und besonders alle Mätzchen und Kniffe, die jemals irgend ein Komödiant in den theatralischen Wahnsinn einverleibt hat. Auf die andere Steite stellt er die Instinkte und Begierden des Parquets. Jeder Zug der langen Liste auf der einen Seite, welcher für irgend eine Forderung auf der anderen Seite taugt, wird sorgfältig angemerkt; die unwirksamen läßt er weg. Daraus legt er eine verständige Scala von Reizen an, die sichersten und eindringlichsten immer an den Aktschluß und durch eine untrügliche Spannung verbunden. Unverträgliche Widersprüche reiht er aneinander; aus hundert verschiedenen Gattungen des Wahnsinns setzt er einen einzigen zusammen. Es ist ein Wahnsinn, den keine Phantasie jemals so wirr und falsch ersinnen könnte. Es ist ein Wahnsinn, der niemals so schief und krumm erlebt ward. Aber es ist der Wahnsinn, den die matte Gier des Pöbels braucht.

Mich versöhnt nur Eines immer wieder mit Herrn Klein. Es ist freilich ein schweres Ungemach für jede Bühne: er corrumpirt die Schauspieler und er corrumpirt, was etwa noch am Publikum zu corrumpiren ist. Aber für die allgemeine Entwicklung der Schauspielerei ist er unentbehrlich. Die Phase, welche er darstellt, konnte nicht vermieden werden, Freilich hätte sie sich vielleicht auch in einem Talent ausdrücken können.

Wir haben lange genug die vom Himmel gefallenen Meister gehabt, mit dem gewaltigen Schwunge in der erhabenen Seele, den nur leider immer die kärgliche Armut der Mittel verstümmelte. Ihr Wille war unermeßlich. Nur leider konnten sie nichts. Sie konnten nicht ordentlich gehen und man erriet höchstens, was von ihnen hilflos gestammelt wurde. Sie hatten schon künstlerisches Gefühl; aber den einsamen Schauer der Seele in vernehmliche und mitteilsame Zeichen zu gestalten, dazu langte ihr Vermögen nicht. Sie hatten nichts gelernt. Sie kamen nur und deuteten an, daß in ihnen irgendwo ein Künstler versteckt sei; aber er vollbrachte aus ihnen keine That. Sie hatten wohl die Kunst, aber es fehlte ihnen das Handwerk.

Das Handwerk ist heute gerettet. Die unentbehrliche Bedingung jeder Kunst, daß der Künstler sich ausdrücken kann, ist von unserer Schauspielerei gewonnen. Der notwendige Vorrat von Instrumenten und Behelfen ist da. Daran mag auch Herrn Klein einiges Verdienst gehören. Aber Herr Klein ist nichts als todte Technik. Er ist wie eine Grammatik der schauspielerischen Sprache, in der alle Regeln und Mittel des Ausdruckes verzeichnet sind, wie jede feinste und leiseste Nuance gesagt werden kann: nur leider hat er nichts zu sagen.

Herr Klein ist der Letzte in dieser Phase des talentlosen Fleißes, welche die Herrschaft der faulen Talente gebrochen hat. Darum ist er ihre Carrikatur. Das ist auch Etwas wert: desto leichtere Arbeit haben die Ueberwinder.

Und ich sehe sie schon überall, in siegerischen Herrlichkeiten. Ich sehe schon überall die Zeichen der neuen Zeit, wann die tiefste Kunst sich mit dem feinsten Handwerk gesellt, Genie und Fleiß sich vermählen. Und wenn ich an Lotte Witt, an Kainz, Reicher,

Mitterwurzer und Vollmer denke, wie rüstig und ohne Rast sie an dem kühnen Werke bauen, dann schwillt mir die Freude und meine Hoffnung jauchzt. — —
— — — — — — — — — — — — — — — — —

Ich muß fort. Ich habe es mir heute feierlich versprochen, morgen die Stadt zu verlassen. Es ist die höchste Zeit. Ich habe das Gefühl, mir zu entgleiten, mich zu verlieren, rettungslos wegeskamotirt zu werden. Der ganze mühsam angesammelte Stolz meiner Decadence und alle die vielen künstlich erworbenen Seelen, die überspannte Empfindsamkeit der Nerven, die erfinderische Begehrlichkeit der Sinne, die geschmeidige Verwandlungsfreude der Gefühle, alle perverse Feinheit des mondainen Stimmungsakrobaten — Alles, Alles ist weg. Und wenn ich dafür wenigstens etwas anderes gewonnen hätte, etwas Neues, irgend einen Ersatz!

Ich muß blos weg. Die kleine Hexe hat mich ganz verdreht. Man darf sich mit den Weibern nicht einlassen. Das Herz ist dieses Mal frei und ohne Schaden geblieben, aber sie hat mir den ganzen Verstand verbogen. Man darf sich mit den Weibern nicht einlassen.

Von Petersburg nach Warschau.

Den 22. April.

Nun rolle ich schon bald einen Tag, einsam und verweint.

Ja, ich will es gestehen: erst war ich ganz tapfer und Niemand hat etwas bemerkt; aber wie sie mir dann das letzte Mal die Hand gab und sich wendete, da wurde mir, als ginge mit ihr alles Glück aus meinem Leben fort. Ich konnte mich nicht mehr halten. Wie ein Kind habe ich bitterlich geweint. Es ist eine Schande; aber es war ja Niemand im Waggon.

Ich schulde ihr so viel. Vier Wochen lang bin ich glücklich gewesen. Sie hat alles Böse aus meiner Seele verwiesen. In acht Tagen weiß sie ja nichts mehr von mir und hat längst meinen Namen vergessen. Aber mir soll ihr helles Bild das ganze Leben mein guter Engel bleiben.

Vielleicht kann ich später doch einmal etwas Schönes

gestalten. Vielleicht erblüht einmal aus meiner Seele eine gute That. Sie ist es, der ich diese liebliche Hoffnung schulde. Sie hat mich aus Leid und Laster geweckt. Sie hat mich erlöst.

Ich habe mich lange gewehrt, mit dummen Einwänden und alberner Ausflucht. Es war mein eitler Stolz. Es kränkte mich auch, daß sie nichts von mir wissen wollte und für mich nichts empfinden konnte.

Jetzt erkenne ich, daß ich sie immer lieben werde. Es ist blos eine ganz andere Liebe. Sie hat Demut und Einfalt und weiß von keiner Begierde. Vom Leibe klebt an ihr keine Spur. Sie ist eine reine, süße und unvergängliche Wollust des dankbaren Gemütes.

Ich will nichts von ihr. Wir werden uns wohl nicht mehr sehen. Ich möchte blos, daß sie immer recht glücklich sei. —

Draußen verlischt das grelle Abendrot, als ob der Rand des Himmels brenne. Ein trüber Dampf wird davon über die schwarze Erde gewälzt. Vorne sind glitzernde Tümpel. Kein Flüstern rührt an die stumme Ebene. Ich bin mit frommen und lichten Gefühlen ganz allein.

Es ist mir jetzt ganz gleich, was etwa noch mit mir geschehen kann. Ich verlange nichts mehr. Wenn ich nur still und dankbar mich erinnern darf! — — — — — — — — — — — — — — — — — —

Ich will jetzt immerfort diesen gnädigen Gefühlen leben. Vielleicht wird Mancher lachen. Es kann schon sein, daß sie hochmütig die Achsel zucken und mich mitleidig verachten. Größe und Besonderheit ist ja keine dabei. Alles ist schlicht, unverdorben und kindlich. Aber es wird daraus Lust und Jubel, dem Irdischen entrückt, sonnenwärts getragen. — — —
— — — — — — — — — — — — — — —

Nein, es gibt keine Worte dafür. Geigen und Farben allein könnten es sagen. Aber es wäre unnütz. Keinem würde es helfen. Aus sich selber muß Jeder die Gnade erleben.

Man soll den Anderen nichts davon erzählen. Für die Anderen sind unsere niedrige Naturen. Die reine und freudige bewahre Jeder für sich selbst, als sein köstliches Geheimnis. — — — — — — — —
— — — — — — — — — — — — — — —

Manchmal sehe ich hinaus in die entgleitende Landschaft. Wie mir das Alles fremd geworden ist und nichts mehr über mich vermag! Die ganze Welt ist mir entfremdet! In mir habe ich eine schönere und reichere entdeckt. Darin will ich jetzt reisen.

Warschau, den 23. April.

Allerliebste Stadt, chic, flott, elegant. Es schwimmt etwas Parisisches in der Luft. Die Weiber haben den Teufel im Leibe. Da steht gleich die alte Bestie in der Seele auf und reckt sich und brummt behaglich. Ihr schweres, schwarzes Haar mit den blauen Schimmern, diese schwülen, üppigen Lippen, auf welchen zwischen den schimmernden Zähnen hervor die buhlerische Zunge lauert, die steilen, aufgesträubten Brüste — Alles knistert von Lüsternheit und Sünde.

Und es geht wie ein toller Walzer immer durch alles Leben, in dem die Sinne straucheln und die Nerven taumeln.

Was ich da gestern auf der Fahrt zusammengeschmiert — mein Gott, die alte germanische Sentimentalität des Abschiedes! Es ist ganz gut, seine idealistischen Schwindel manchmal zu verzeichnen. Da hat man später wenigstens etwas zum Lachen.

Ich habe noch ein niedliches Abenteuer vor. Weit draußen, am fahlen Rande der Stadt, wo keine Laterne mehr brennt, in einer dumpfen, qualmigen Schenke. Ein munterer Zufall hat es eingefädelt. Eine derbe, schwüle, gierige Hexe, und kriegerisch lodert der schwarze, wilde, unbändige Blick. Es lebe das Leben! Alles andere ist ja blos Wahn und Betrug.

Ich will wieder einmal, wie Lemaître sagt, prendre un bain de bêtise et de crapule: c'est un plaisir d'orgueil el c'est aussi un plaisir d'encanaillement. Das hat man von der mühsamen Zähmung der Bestie: Sie holt am Ende alles immer wieder nur desto ausgiebiger nach.

Es lebe das Leben! Alles andere ist ja doch

blos Wahn und Gaukelei. Und wenn es mir heute just so beliebt? —

Sie kam, wie es versprochen war. Aber sie brachte keine Freude mit. Ich plagte mich eine Weile mit umständlichen Beweisen: Ich rechnete mir alle Bedingungen vor, welche erfüllt waren, nach dem unanfechtbaren Schlusse hin, daß ich also durchaus nicht umhin könnte, sehr vergnügt zu sein und sehr Angenehmes zu empfinden. Aber es half nichts. Das alles ist nicht mehr für mich.

Ich weiß nicht, was mit mir ist. Ich weiß nicht, wie mir ist. Ich weiß nicht, was an mir geschah. Ich weiß überhaupt gar nichts mehr. Ich kenne mich nicht mehr aus. Bald möchte ich jauchzen vor unsäglichen Wonnen, aber gleich sind schon wieder die Thränen da, aus banger Qual. Ich weiß mir keinen Wunsch, als blos, daß ich mir einen Wunsch wünschen möchte. Ich habe das Gefühl, alles zu haben. Aber es ist doch eine seltsame Freude, mit herber Bitterkeit gewürzt.

Es mag wohl an dieser Luft und an diesem Himmel sein. Jede Entschiedenheit fehlt; wie also sollte ich mich entscheiden? Wenn ich nur erst wieder unter eine buntere Sonne und in laute Farben komme!

Von Warschau nach Krakau.

Den 24. April.

Das rollt wieder und rollt und rollt, einsam, ohne Ende. Weithin nichts als mit kahlen, mageren Birken von trägen, trüben Tümpeln geädert, die unermeßliche Ebene. Stumm, schmerzlich, ohne Trost.

Und überall Soldaten und wieder Soldaten, immer mehr, nichts als Soldaten. Sie wandern und wandern und manchmal flattert kreischend ein großer Rabe. Aber sie hören ihn nicht, sie schauen nicht nach ihm, sie wandern nur immer weiter auf der glatten grauen Fläche, wandern ewig, mühsam und unverdrossen. Sie gleiten wie nächtliche Schatten. Es ist nichts Menschliches daran.

Und es rollt und rollt. Sonst nirgends ein Laut. Es rollt und die Gedanken rollen mit und die Gefühle rollen und es rollt alle Empfindsamkeit der Nerven. Eine sanfte Wollust rieselt daraus. Es löst sich das Spröde und Harte. Dem Geiste wachsen Flügel oder vielmehr, als schwömme er durch ein tiefes rauschendes

Meer und es wüchsen ihm kräftige Flossen. Es ist wie ein Constitutional-Walk, aber viel wirksamer, rascher und tiefer.

Ich bin ganz allein. Ich strecke mich auf dem weichen, buhlerischen Sammet lange aus. Ich blase dichte, schwere Wolken aus der herben Cigarette, langsam, ganz langsam, mit schnuppernden Lippen, in großen Ringen, bis mir der weiße Dampf einen lieblichen Schleier vor die Welt zieht; kaum leise blinzelt dazwischen noch einmal ein schmaler Streif des gelben Himmels, in dem sich die öden Wasser spiegeln.

Und es rollt und rollt. Ich habe hinter den geschlossenen Lidern das Gefühl, ganz deutlich jeden einzelnen Nerv zu empfinden, jeden einzelnen Sinn, und als ob ich mich selbst von innen her betrachten könnte, alle versagten Geheimnisse des abgewendeten Leibes. Und es rollt und rollt.

Ich will eine letzte Revision meiner russischen Gefühle vornehmen. Was ich gewonnen habe und ob ich etwas verloren habe, daß ich die Bilanz erkenne.

Erstens die russischen Sensationen. Die Sensation der Stadt, die Sensation dieses Pöbels, die Sensation dieser Kunst, dieser Kultur, dieser Frauen. Ich habe sie ganz deutlich. Ich halte ihren Vorrat in der Hand. Ich kann sie jeden Moment erwecken. Das ist immerhin schon etwas. Anderswo hätte ich es niemals erworben. Aus Büchern geht es nicht, bis wir nicht einmal Künstler haben werden, welche ihre

Empfindungen nicht blos ausdrücken, sondern auch mittheilen, bis wir nicht einmal suggestive Künstler haben.

Aber zweitens: Ich fürchte, daß mein sensationelles Talent gelitten hat. Freilich, ich vermag schon noch köstliche und seltene Gefühle. Aber ich habe auf einmal hinter ihrem Spiel einen neuen Reiz entdeckt — ich glaube, der kann noch gefährlich werden.

Ich hätte also auf der einen Seite allerdings neues Futter gewonnen, aber dafür auf der anderen die alte Verdauung verloren.

Ich hätte allerdings endlich mich selbst gefunden, aber muß ich deswegen auf die vielen lustigen Masken verzichten?

Und dann diese unvertreibliche Angst, ob es nicht am Ende, statt des erträumten Uebermenschen, nicht am Ende dennoch blos der verkappte Urphilister ist.

Oder es ist das wichtige Ereignis, von dem ich die Wiedergeburt meiner Seele und die zweite Periode meines Geistes datire, am Ende gar blos Schabernack und Schelmenstreich der blinden Liebe?

Ich kenne alle Theorien der Liebe. Ich kenne auch ihre Praxis — wie viel man eben gerade braucht. Aber —

Es wird wohl so das klügste sein: Ich muß mir die alten Künste der nervösen Empfindsamkeit sorgsam bewahren — ein netter Zeitvertreib werden sie immer bleiben; aber ich will mit der gleichen Sorge auch meine neue Entdeckung pflegen, das liebliche und sanfte

Räthsel, das hoch im Norden plötzlich mir aus der bangen Seele aufgegangen ist.

Ich will mich theilen. Ich kann ja immerhin der internationale Stimmungsjongleur bleiben in meinen Verhältnissen zur Welt. Aber hoch über ihr, weit weg von ihrem fahlen und schweren Gedränge, soll mir für mich aus mir meine besondere Schöpfung sein.

Da sind schon die schwarzgelben Pfähle. Nun fordern sie das letzte Mal den Paß. Dann dürfen wir nach Europa zurück.

Und wer weiß: wenn ich erst wieder in Wien bin, — mein liebes, süßes Wien, wie aus haschischischem Zauber ein glühendes, gnadenreiches Märchen, wo der Tanz niemals verstummt und die Küsse nicht rasten . . . und es ist, über den hellen, stolzen, festlichen Palästen, ewig zwischen Rosen und Jasmin wie ein holder Reigen loser, runder Liebesgötter durch die milde, buhlerische Luft! Wer weiß, ob es mir den neuen Menschen nicht gleich am ersten Tage auf fächelnden Walzern wieder verweht?

Krakau den 26. April.

Ich liebe die Polen. Man sagt, daß sie nicht zuverlässig sind. Treulos und falsch heißen sie. Man darf ihrem Scheine nicht trauen. Aber ich liebe ihren bunten, anmuthigen, ritterlichen Schein. Sie haben einen kühnen, geschmeidigen, wehrhaften Wuchs, daß man unwillkürlich gleich in jede Faust einen blanken Degen ergänzt. Sie haben sanfte und weiche Profile, ein bischen müde zuweilen und vom Leide der Lebensfreude verwischt. Sie haben gerade, freie, beharrliche Blicke, die Niemanden aus dem Wege gehen und niemals sinken. Es ist etwas Adeliges an ihren Geberden, eine aus langer Herrschaft und vertheidigter Freiheit ererbte Anmut und Würde. Was kümmert es mich, ob sie im Grunde der Seele auch alle empfohlenen Tugenden bewahren? Das überlasse ich dem lieben Gott.

Sie sind die Pariser unter den Slaven. Ihr Geist ist leicht, beweglich und rasch. Ihr Gemüt ist reich und mitteilsam, aber ohne Rast zwischen Schmerz und Lust; in keiner Leidenschaft verweilen sie lange. Eine unruhige Neugier treibt sie. Niemals gewinnen sie eine seßhafte Zufriedenheit. Sie wandern unstet durch alle Stimmungen. Alles wollen sie wissen, alles erleben, überall kosten.

Sie lieben die schöne Form. Jeder ist ein Künstler. Jede Geste, jede Bewegung, die ganze Haltung ist gesucht und auserlesen. Sie haben eine liebe, rührende Freude an sich selbst, wenn ihnen eine schöne Pose gelingt. Sie sind immer wie vor dem Spiegel, wie auf der Bühne, unter der Zucht ihres verwöhnten und wählerischen Geschmackes. So habe ich mir auf der Schule die Athener des Perikles gedacht. Der deutsche Philister, der nicht immer tugendhaft, aber dann wenigstens flegelhaft ist, hätte sie wohl auch unzuverlässig und Windbeutel gescholten.

Die Stadt ist heiter und beredt. Sie weiß sehr viel zu erzählen. Aus grauen Mauern, schwarzen Thoren und bunten Türmen flüstern überall alte Geschichten. Man wandert wie durch eine lebendige Sage und überall ist wie ein Waffenklirren aus lustigen, bewegten Abenteuern, die nimmermehr verhallen.

Abends sammeln sich fröhliche Gruppen auf dem Ringe. Da plaudern die Offiziere, in der schlanken, zierlichen und koketten Tracht des österreichischen Heeres, das muntere Käppchen verwegen zurück. Da berathen die Stutzer, in winzigen, matten Seidenhüten, den Kragen steil und steif, mit ungetümen Knüppeln, das Repertoire der Nacht. Da streift manch warmer, mitnehmender Blick vorbei und von Blonden und von Braunen huschen liebliche Parfüme. Herz und Sinne sind zu Freuden eingeladen.

In der Akademie sind viele Matejkos. Merkwürdig. Man wird an Allem irre. Wenn einer seine besondere Vision der Welt hat, dann ist er ein Künstler. Das entscheidet mir alles. Aber Matejko hat seine besondere Vision der Welt, sehr deutlich und vernehmlich, und dennoch vermag er auf mich keine künstlerische Wirkung. Ich kann mich vielmehr des Verdachtes nicht erwehren, daß gerade seine Besonderheit mich von ihm trennt. Gerade was ich theoretisch an ihm verehren muß, verdrießt mich praktisch. Schon wieder ein Räthsel, aus dem ich mir nicht zu helfen weiß — man darf über die Kunst nicht denken, man muß sich ganz stupide dem Gefühle anvertrauen. —

Mir quält ein tiefes Wort des Haraucourt das ängstliche Gemüt: heritiers de rêves accumulés, nous avons gagné de jour en jour des aspirations grandissantes: nous demandons davantage à la vie, c'est a dire à nos propres forces, et toi qui te plains dans la nuit sans le confesser à personue, tu n'auras pas ce que tu souhaites, car ce qui te fut permis et promis est plus humble que ton souhait.

Hier erkenne ich die ganze Geschichte unseres Leides. Wir haben uns draußen gesucht; aber draußen ist nur Gram, Wahn und Ekel, die schöne Güte wohnt allein in unseren Träumen. Wir müssen in die Träume zurück, dort haben wir das Glück und die Tugend.

Viele Organe des Guten und Schönen wurden von den Menschen entwickelt, aber sie wendeten ihre Forderungen an die Welt und die leere Welt konnte sie nicht gewähren. Die Welt ist taub gegen jede Bitte der Schönheit, die Welt ist stumm auf jede Frage der Güte. Die Wünsche sollen sie verlassen, die Wünsche sollen nach den Träumen fliehen.

Wir wollen auf das andere Ufer hinüber, wohin von der fernen Welt kaum ein blasses, mattes Bild verschwimmt. Dort, unbekümmert um die gespenstischen, zerrinnenden Scheine drüben, wollen wir uns in uns selbst versenken, geschäftige Gräber lange vergessener

Schätze. Dort wollen wir stille nach dem Schönen trachten, das nirgends als in der schwülen Sehnsucht der einsamen Träume ist. — — — — — — — — —

— — — — — — — — — — — — — — —

Ich blättere in diesen Heften zurück und muß lachen. Es wird ihnen wieder schön verrückt vorkommen, wenn sie es lesen. Ich höre schon die milden und bekümmerten Vorwürfe der wohlwollenden Freunde. Es thut mir wirklich leid, daß ich ihnen so vielen Aerger bereiten muß. Denn es ist manche gute Seele darunter und für ihre Dummheit können sie nicht. Aber ich vermag ihnen nicht zu helfen: on ne peut refaire sa nature, sagt Saint-Saëns.

Seltsam und wunderlich ist es — und manchmal sehr confus. Vieles mag ganz albern sein und bald, wenn ich es wieder lese, werde ich lustig spotten. Aber es ist ein ehrliches und aufrichtiges Buch. Alle Stimmungen habe ich gehorsam und ergeben aufgezeichnet, wie sie waren. Ich kann nichts dafür, daß nichts Kluges daraus geworden ist. Wenn ich mir sie hätte aussuchen dürfen, ich hätte mir ganz gewiß andere gewählt, schönere und feinere.

Die Bergpredigt. Roman aus der Gegenwart

von **Max Kretzer.**

Zweite Auflage. Broch. M. 5.—, eleg. geb. M. 6.—.

Stimmen der Presse:

Leipziger illustrirte Zeitung vom 14. Dezember 1889:

Der „Berliner" Roman bildet nachgerade eine eigene Bibliothek in der Unterhaltungs-Literatur der Gegenwart. Jedes Jahr bringt seine umfangreichen Beiträge; auch dieser Winter blieb nicht mit seiner Productionskraft hinter den frühern zurück. **Der gehaltvollste ist jedenfalls** „Die Bergpredigt" von Max Kretzer. Er beleuchtet das kirchliche Leben der Reichshauptstadt und schildert den Kampf der Orthodoxen gegen die Rationalisten. Der Held ist ein junger, für eine Kirche vorgeschlagener freisinniger Prediger Konrad Baldus. Der Verfasser steht natürlich auf seiten des Konrad Baldus, und so wird auf die andere Partei viel Schatten geworfen, der Opportunismus wird mit aller Heftigkeit gegeißelt. Das Urtheil über den Roman dürfte also je nach dem Standpunkte des Lesers sehr verschieden ausfallen. **Als Kunstwerk betrachtet, darf man ihm aber ohne Bedenken einen ziemlich hohen Rang unter den Erzeugnissen des Tages einräumen.** Die Charaktere sind scharf umrissen, der Held tritt klar hervor, die Nebenfiguren, wie der eifernde Hofprediger Bock, der verbummelte Candidat Bläsel, dessen Vater, der Landprediger, und noch verschiedene andere, zeigen originelle Züge. Auch die Handlung ist geschickt aufgebaut, so daß das Werk als **die beste Schöpfung** bezeichnet werden kann, die **Max Kretzer** bis jetzt seinen Lesern geboten hat.

Neues Wiener Tagblatt vom 14. October 1889:

Die Bergpredigt. Roman aus der Gegenwart von Max Kretzer. Auf dem Gebiete des jetzt von den Realisten so fleißig gepflegten Berliner Romans nimmt Max Kretzer die erste Stellung ein. Er ist bei uns in Wien zwar weniger bekannt, als zum Beispiel Paul Lindau, aber jeder Kenner weiß, daß Kretzer diesen geistreichen Kritiker in der poetischen Kraft der Gestaltung, im sittlichen Pathos und in der Kenntniß des Volkes von Berlin weitaus übertrifft. Das Lokalkolorit Berlins weiß Kretzer, der auch den Berliner Dialekt beherrscht, unvergleichlich gut zu treffen. Lindau's Berliner Romane könnten mit geringen Aenderungen in jeder europäischen Großstadt spielen, sie sind auch abhängig von ihren Pariser Vorbildern; Kretzer ist urwüchsig von der Zehe b s zum Scheitel, und seine Dichtungen lassen sich unmöglich in anderem Boden wurzelnd denken. In seinem neuesten Roman: „Die Bergpredigt" hat Kretzer ethisch eine Höhe erstiegen wie nie zuvor.